ビジネススクールで教えている

武器としての
AI
×
TECH
スキル

グロービス経営大学院

著

東洋経済新報社

はじめに

テクノロジーを理解し関連スキルを身につけると
ビジネスパーソンの価値はどう変わるか

数年前から「これからはテクノロジー、特にITを活用できるかどうかでビジネスパーソンの価値や企業の競争力は大きく変わる」と言われていました。その傾向は、テクノロジーが進化するにしたがってますます増しています。

IT先進国のアメリカ企業、特にMAAMA（メタ、アマゾン、アップル、マイクロソフト、アルファベットの頭文字をとったもの。メタとアルファベットの社名変更以前はGAFAMやGAMFAと呼ばれていました。現在でもこう呼ぶ人は少なくありません）とも称される巨大テクノロジー企業が世界レベルで圧倒的な優位性を構築していることからも、ITの重要度については改めて説明するまでもないでしょう。

従来型のMBAで教えていた経営学の基本に加え、テクノロジーを理解して価値創造できるかどうかが「勝ち組」となるための分水嶺となりつつあるのです。

本章にいく前に、ビジネスパーソン個人が、テクノロジーを理解することの効用を手短にご紹介します。

1つ目は、大学や専門学校までの専攻にもよりますが、**職業や業務の幅が広がること**です。たとえば、データサイエンティスト、プログラマー、デジタルマーケターなどは、国内でもますます需要が高まっています。データサイエンティストともなるとかなり高度な数学を必要とするのでいわゆる「文

系」の人間が急になれるわけではありませんが、プログラマーやデジタルマーケターなどはそこまで高度な数学を直接的には必要としません。それゆえテクノロジーを学ぶことで仕事の幅が広がるのです。

　また、データドリブンな意思決定が重要となる現代の環境下では、テクノロジーを理解してデータを分析し、洞察を得ることで、的確な意思決定が可能となります。それができると、より重要な職務を任される可能性が増します。

　2つ目は、業務処理の効率化、高速化です。たとえば、データ解析やプロジェクト管理などのツールやソフトウェアを使いこなせることで、業務の生産性が向上します。ツールやソフトウェアそのものは一個人で導入するのは難しいですが、その効果的な活用方法を知ることで、業務を圧倒的に効率化できます。そこで空いた時間を用いて部下のマネジメントやより高度な仕事に取り組むことができれば、それだけで生産性が大きく向上します。

　3つ目は、ビジネスパーソンの必須の能力とも言える問題解決能力（課題解決能力）の向上です。ビジネスとは問題解決の連続です。テクノロジーに精通していることで、より効率的かつ創造的な問題解決が可能となります。新しい技術を学び、うまく取り入れることができれば、従来の手法では解決が難しかった課題をクリアすることも可能になります。

　4つ目は、新しい技術の導入や既存技術との組み合わせによって、イノベーティブな製品やサービス、ビジネスモデルを構想できることです。今後、このスキルを持つ人材はますます重宝されるようになり、転職力も増すでしょう。

　ここでは典型的なものを4つご紹介しましたが、1つ目の後半から4つ目までは「文系」のビジネスパーソンであっても無視できない現実です。特に3つ目や4つ目の要素はビジネスパーソンの優勝劣敗を大きく加速させるでしょう。

最初に伝えたように、従来型のMBAで教えていた経営学の基本に加え、テクノロジーを理解して価値創造できるかどうかが「勝ち組」となるための分水嶺となるのです。

Section2
何をどこまで知っておけば大丈夫か、ラインを明確に提示する

では、ビジネスパーソンはどこまでのスキルや素養を身につけておく必要があるのか。そのラインを明確に示すのも本書の役割と考えています。

当然のように使いこなすべきものとして、業務に必要なデジタルツールに関するスキル、具体的には、電子メール、スプレッドシート、オンライン会議ツール、オンラインドキュメント共有といった、「基本のキ」とも言えるスキルがあります。

そのうえで、2024年現在、「基本的な原理も含め、知らないとまずい（Mustな）」テクノロジーあるいはテクノロジー関連領域としては以下があります（Part1に相当）。

- AI、生成AI、プロンプトエンジニアリング（プロンプトの適切な与え方）
- クリティカル・シンキング（進化版）、テクノベート・シンキング
- DX（デジタルトランスフォーメーション）、クラウド
- アルゴリズム、データ構造、要件定義、要求定義

これらはその基本を知っているのといないのとでは、ビジネスパーソンとして大きな差が生じるものです。

なお、アルゴリズムやプログラム、データ構造に関しては、本書の先行版とも言える『ビジネススクールで教えている武器としてのITスキル』（東洋経済新報社、2018年）で詳述しました。本書では重複を極力減らすため、いく

つかの基本用語の解説などは、割愛もしくは短くかいつまんでご説明しています。併せて学習されたい方は、同書をお読みください（目次は図0-1に示したとおりです）。

「知っておくに越したことがない（Nice to Have）」テクノロジー領域としては、次があります（Part3の内容に相当）。専門家や特定の業界の人、あるい

図0-1『ビジネススクールで教えている武器としてのITスキル』目次

は起業家にとってはMustなものもありますが、多くのビジネスパーソンにとっては「現時点ではある程度まで理解しておけばいい」「ユーザーとして使いこなせればいい（大きな使用ミスをしなければいい）」テクノロジーです。

● ブロックチェーン、Web3.0、メタバース、デザイン・シンキング
● フィンテック、オートテック、ヘルステック、エドテック等の「XTECH」

ただ、数年後にはより身近なMustのテクノロジーに代わる可能性のあるものも少なからず存在します。メタバース（それと連関してのVR［仮想現実］やAR［拡張現実］）などはその可能性が高そうです。常に情報はアップデートすることが望ましいでしょう。

本書では、知らなくてはならないこと（Must）と知っておくといいこと（Nice to Have）を、ほどよいバランスで解説していきます。

また本書では、基本的にIT（インフォメーション・テクノロジー）関連にフォーカスして解説をします。テクノロジーといった観点では、遺伝子編集などのバイオテクノロジーや、素材に代表されるフィジカル（物理・化学的）なテクノロジーも大切ですが、専門性が高いため、本書では割愛しています。

ただ、世の中の大きな動きを知るためにも、この分野について教養として書籍やネットなどで学ばれることをお勧めします。たとえばバイオテクノロジーについて学べば、モデルナやファイザーが提供した、mRNAからなるCOVID-19のワクチンを過度に恐れるといった的外れな行動を減らすことができます。あるいは素材技術の進化は、二酸化炭素削減に向けたクリーンテクノロジー、グリーンテクノロジーとも大きく関係してきます。これも可能であれば知っておきたい教養です。

書籍やネットで情報収集するのが億劫という人には、いざというときに話を聞ける友人・知人を持つことをお勧めします。

また、本書は基本的に比較的現場に近い若手社員やミドルマネジャーを想定読者としています。加えて、DXなどは、AIやビッグデータのみならず、

さまざまなテクノロジーに関する深い理解が必要になります。それらをIT先端企業の例なども紹介しながら詳細に説明すると、専門用語が多い、難解な書籍になってしまいます。それゆえ、本書は「平均よりも少しDXが進んでいる日本企業」をイメージしながら進めていきます。

Section3

あるマネジャーの回想
── この5、6年間に起こった変化

　テクノロジーを理解しておくとビジネスパーソンにとってどのような未来が開けるのか。それをよりビビッドにイメージするために、2028年のあるマネジャーのサクセスストーリーを紹介してみましょう。

　2028年7月、大手小売A社で都市型ミニスーパー「エブリデイ」の企画室マネジャーを務める早乙女優里はこの5、6年間の世の中の変化を振り返っていた。
　早乙女は大学の教養学部を卒業後、2018年に新卒でA社に入社し、6年前の2022年に「エブリデイ」の企画室に異動した。

　2022年当時はA社でDXをもっと推進しようという機運が高まっている時期であった。たとえば当時精緻化が進んでいた気象データを用いて商品の品揃えや店舗内の陳列を変える、AIとビッグデータを用いてSKU（在庫管理単位）ごとに新製品の精度の高い売上予測を立て、在庫の適正化を行う、などだ。

　そうした中、早乙女が提案したのは通信キャリアから得られる人流データを参考に、新規出店や品揃え、配送物流に活かすという施策だった。人流データは地図をきめ細かく分割し、100m四方単位にどのくらいの人口がいるか、その属性はどのようなものかをほぼリ

アルタイムに近い形（実際には40分遅れ）で教えてくれるものである。

　彼女はさらに、各地域の所得情報などを加味して新規出店のヒントにすることを提案した。売上の8割は立地によって決まるというのが社内の常識であったことから、この提案は受け入れられた。

　早乙女は、そこで得られたデータを基に当該地域を回って現地を視察し、より具体的な出店場所を絞り込むことに取り組んだ。具体的には各立地を5段階評価し、写真などと一緒に会社に持ち帰るのである。評価の基準となるのは、スペースの広さ、面している道路の広さ、近隣の競合や業態、同じビルの他のテナント、そして全体的なイメージなどである。出店場所の評価のマニュアル化は昔からある程度はなされていたが、まだまだ個人の感性による部分も大だった。

　早乙女は当時、「もっと何かできるはず」という問題意識を持っていた。転機となったのは彼女が2023年頃、当時注目を浴びていた生成AIの代名詞とも言えるChatGPTを活用したことである。
　彼女は隙間時間などで、「適切なプロンプト（指示）」の与え方を学んだ。自費で有償版にアップグレードし、好立地の選定に活かしたり、品揃えやプロモーションにも活用したりしようと試みた。

　立地の選定にあたっては、彼女のこれまでの感性を言語化することを試みた。その際には、優秀な同僚にも積極的にヒアリングを行った。その内容をChatGPTに学ばせることで、よりブラッシュアップされたマニュアルを作り上げた。これは上司に高く評価され、「新規出店以外にも生成AIを活用して」という指示を受けることになった。

　そして彼女が考えたのは顧客の体験価値を上げる、専用スマートフォンアプリの開発である。これは以下のような機能を備えたもの

で、同期入社のエンジニアに手伝ってもらった。

・商品の推薦（レコメンデーション）
・欠品情報、入荷時間のお知らせ
・個別のキャンペーン
・レシピや料理の提案
・時間帯などに応じた多種多様なディスカウント

　企画は通り、このアプリ開発がなされることが決まった。結果は上々であった。2025年には音声入力の精度が大幅に改善しUI（ユーザーインターフェイス）が向上したことから一気に利用率が上がり、各店舗の床面積当たり売上高は2022年に比べ25%程度上昇した。顧客満足度、リピート率、客単価なども押しなべて向上していた。

　早乙女はまた「こうしたデータをもっととって店舗レイアウトや品揃え、店員教育に活かすべき」という提案を上司を通じてDX推進室に提言し、いくつかは実現した。その結果、「エブリデイ」の生産性はますます上がっていった。
　2025年には、生成AIを分析や価値創造に用いることは当たり前となっていた。

　昨年の2027年、早乙女は企画室マネジャーに抜擢され、そのノウハウを後進に指導する立場になったのである。彼女自身がさらなる新しい企画を出すことも強く期待されていた。ARを用いた顧客体験や新しい店舗づくりのシミュレーション、ブロックチェーンを用いたサプライチェーンの透明化、多言語対応や翻訳機能などアプリの機能追加、ビッグデータを活用したさらなる顧客体験価値の向上など、やるべき仕事はまだまだたくさんあった。

　早乙女は回想していた。

「この数年間で仕事のやり方は劇的に変わった。以前に比べても、仕事で結果を出せる人とそうでない人の差がものすごくはっきりしてきている。私の部下を見ても、ITを用いて新しい価値創造ができる人間とそうでない人間の差がますます開いている。管理職として、どう彼らに仕事を振り分けるか、そして各人をどう動機づけるか、本当に悩ましい。自分自身も常に勉強しなくては時代に取り残されてしまうし、大変な時代になってきた」

イメージは湧いたでしょうか。果たしてあなたは早乙女さんのようになれそうですか。

彼女が危惧する「価値創造ができない人間」として取り残されないためにも、テクノロジーについてしっかり学ぶことがビジネスパーソンには必要なのです。

Section4

本書の構成

本書は、大きく3部、10章の構成となっています。Part1とPart2が本書のメイン部分、Part3は個別技術について解説する各論的位置づけとなります。

Part1　ベーシックスキル
テクノロジーを知っておくことでできること

Chapter1　生成AIで生産性を上げる
▶ AIは何がすごいのか、生成AIでできることとは何かを解説します。この1、2年で急激に盛り上がってきている分野でもあり、ページ数も他の章

に比べて多くしました。

Chapter2　問題解決のレベルを上げる

▶ ITの進化で問題解決はどう変わるかを解説します。あらゆるビジネスパーソン必読です。

Chapter3　IT人材と協業する

▶ 社内のエンジニアや外部SIer（エスアイヤー：システム開発や運用などを請け負う事業またはサービス。正式にはSystem Integrator［システムインテグレーター］と言う）はどのように仕事を進めているのか、どう協業／外注したら良いシステムやUI、UX（ユーザー・エクスペリエンス：顧客体験）が実現できるのかを解説します。実際にこうした職種の人々と協業する機会は今後ますます増えていくでしょう。そうした方は必読です。

Chapter4　DXに取り残されない

▶ DXとは結局何なのか、そして会社組織はどのように変わっていくのか、その中でビジネスパーソンはいかに振る舞うべきなのかを解説します。

Chapter5　伸びる／衰退する業界や会社を見分ける

▶ テクノロジーの進化が業界や企業の盛衰に与えるインパクトについて紹介します。転職やパートナー選び、投資などさまざまな場面で活用できます。

Chapter6　IT新時代にマネジャーとして成果を残す

▶ 管理職の仕事はどう変化するかを解説します。おそらくできるマネジャーとそうでないマネジャーの差がどんどん開くと予想されます。マネジメントの道を歩みたい人には必読の章です。

Part2 アドバンストスキル
テクノロジーを知っておくことで出せる価値

Chapter7　ビジネスチャンスを見出し、実現する

▶ 事業機会を事業につなげ、実行するポイントについて解説します。企業内
で事業開発に携わる方や起業志望の方にはぜひ読んでいただきたい章で
す。また、そのサポートに回る方にも読んでいただければと思います。

Chapter8　顧客に対する提供価値を劇的に向上させる

▶ 企業と顧客の関係性はどう変わるのか、デジタルマーケティングの行き着
く先には何が待っているのかを解説します。特に営業やマーケティング、
顧客リレーションシップに携わる人には読んでいただきたい章です。

Part3　ワークとライフを変えるキーワード
未来に備え、テクノロジーの可能性を知っておく

Chapter9　来るべき技術に備える

▶ 数年内にビジネスに大きなインパクトを与えうる新技術について解説しま
す。ビジネスパーソンの教養として理解しておきたいものを集めました。

Chapter10　XTECHでワークライフバランスの次元を上げる

▶ 仕事でもプライベートでも活用できる、いわゆる「XTECH（クロステッ
ク）」について代表的なものを紹介します。

　これらの章（スキル）の位置づけを2次元でマッピングしたものが図0-2で
す。
　なお本書では、同じ章の中でもテーマによって若干の難易度の差がある
ため、節（セクション）レベルで「理解するうえでの難易度」（易、中、難）と
「実践するうえでの難易度」（易、中、難、－）をめどとして示します。

図0-2 各章の位置づけ

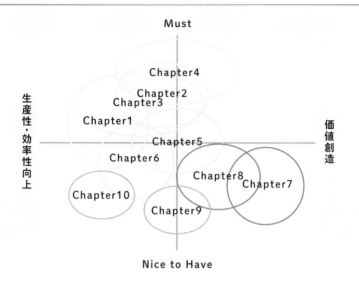

「実践するうえでの難易度」の「−」は、実践とは直接的には関係がない節で用います。

　図0-2のマッピングは2024年現在のものであり、1、2年で少なからぬ変動が起きる可能性があります。一方で、VUCA（Volatility：変動性、Uncertainty：不確実性、Complexity：複雑性、Ambiguity：曖昧性）の時代といえども、必ず訪れるトレンドはあります。

　たとえば、過去10年程度を振り返れば、AIの進化やクラウドの進展は必然でした。2024年現在では、メタバースの進化や生成AIの進化も確実な未来です。

　浸透スピードについては多少予測にもばらつきはあるかもしれません。また、法的規制によって適用範囲等が変わる可能性もあります（テクノロジーの利用と規制は切っても切り離せません）。とはいえ、やはり未来に備える姿勢は大切です。

また「Must」と「Nice to Have」の境界は、あくまで平均的なホワイトカラーのビジネスパーソンを基準にしています。業界や職種によってその位置づけは当然変わることも理解しておいてください。たとえば金融業界の人であれば、フィンテックについて他業界の人より敏感になっておく必要があるなどです。

　我々グロービス、そしてグロービス経営大学院は、数年前から「テクノベートMBA」という概念を打ち出しました。テクノベートはテクノロジーとイノベーションからなる造語で、これからのビジネスにおいてはMBAの知識のみならず、テクノロジーの知識が必須であることを踏まえたものです。本書は、経営大学院で学ばれる方はもちろん、ビジネスリーダーを志す人にとっての必読書と言えるでしょう。

　本書が読者の方の仕事や実り多いキャリア構築のお役に立つことができれば幸いです。

グロービス経営大学院

Contents

Part1

ベーシックスキル
テクノロジーを知っておくことでできること

Chapter **1** | 生成AIで
生産性を上げる

Part2

アドバンストスキル

テクノロジーを知っておくことで出せる価値

Chapter 7 ビジネスチャンスを見出し、実現する

Chapter **8**　顧客に対する提供価値を
劇的に向上させる

Part3

ワークとライフを変えるキーワード

未来に備え、テクノロジーの可能性を知っておく

Chapter **9**　来るべき技術に備える

<table>
<tr><td>Chapter</td><td>10</td><td>XTECHで
ワークライフバランスの
次元を上げる</td></tr>
</table>

Part1

ベーシックスキル

テクノロジーを
知っておくことで
できること

生成AIで
生産性を上げる

近年、AIという言葉がビジネスシーンに取り上げられることが増えてきました。さらに2022年後半から2023年頃より、生成AI、特にOpenAIのChatGPTが非常に大きな注目を集めるようになりました。

　本章では、AIや生成AIの原理や応用、さらにそれがビジネスシーンにもたらす影響や、一般のビジネスパーソンがそれとどう付き合っていくべきかについて触れていきます。

実践難易度 一
理解難易度 易～中

AIとは何か

まずAI（Artificial Intelligence：人工知能）の原理について改めて確認しておきます。AIとは、人間の知能を模倣しようとする技術です。たとえば多くのスマートフォンのアプリ、特にフェイスブックなどのSNSや、アマゾンなどのECサイトなどは、ユーザー 1人ひとりにあつらえた（パーソナライズした）画面やリコメンデーションの環境になっています。その環境は皆異なっていて、同じものはありません。

その背景には、AIを用いた膨大な情報処理能力があります。我々がパソコンやスマートフォンを快適に利用できるのも、あるいはITによってサポートされた機械（例：自動運転の自動車や産業用ロボットなど）が効果的に動くのも、すべてAIの進化の恩恵です。

「AI≒機械学習」と言われることもあります。まずは機械学習と、その進化版とも言える深層学習（Deep Learning：ディープラーニング）について簡単に解説します。

▶ 機械学習

機械学習は、AIの基本となる技術で、コンピュータが巨大なデータ（ビッグデータ）から自動的に学習して、新しいデータに対して予測を行うものです。その際、データの中にあるパターンや関連性を見出し、それをモデル化することで、新しいデータに対する予測や分類を行います。

なお、予測は、回帰分析（ある結果について、他の要素との関係を関数の形で明らかにする統計手法）を一歩推し進めたものと考えておけばよいでしょう（回帰分析については本章の29ページで後述します）。

Part
1
ベーシックスキル：テクノロジーを知っておくことでできること

AI利用のハードルが下がる以前は、人間が仮説を立て、それをExcelなど を用いてデータで検証するというアプローチが一般的でした。たとえば新卒 学生の採用であれば、「大学での学業成績の良い方が就職後のパフォーマン スが高い」という仮説を立て、実データでそれを検証したのです。これは今 でも有効ですし、適切に用いれば費用対効果の高い手法です。

　ところがAIは往々にして人間が気づかなかった、あるいは仮説を立てにく かったパターンを見出してくれます。たとえば「学生時代の成績が85 〜 90 点の学生よりも、75 〜 80点の学生の方が入社後のパフォーマンスが良い」 「苗字が『あ行』で始まる学生のパフォーマンスが、他の苗字よりも多少良 い」などです。これらの仮説は人間にはなかなか思い浮かびません。実際に この結果を採用の際に用いるかは、社内での説明が難しいがゆえに難易度が 高い問題ではありますが、こうした人間には発見できない（しにくい）パター ンを見つけ出し、予測に活かせる点がAIの強みです。

　パーム・コンピューティングの創業者であるジェフ・ホーキンスは「**知能 の本質は予測にある**」との言葉を残しました。AIは単なる高速演算技術で はなく、その真価は予測にあるというわけです。後述する生成AIも「予測

図1-1 すべての道は予測に通じる

目的から逆算して考える

目的	何がわかればいいのか	AIのタスク
顧客離れを 防ぎたい ▶	サービスを 解約しそうな人 ▶	解約を予測 （分類）
どの潜在顧客に アプローチする? ▶	将来の 高額購入者 ▶	売上を予測 （回帰）
どんな人を 採用する? ▶	仕事で活躍して くれる人 ▶	パフォーマンス を予測(回帰)
記述式のテストを 採点したい ▶	解答パターン ▶	解答を分類

マシン」の進化系です。まずはこの点を押さえてください。

機械学習はさらに以下のように分類できます。

▶ **教師あり学習**（Supervised Learning）：データとそのデータに対応する正解
のラベルが与えられ、その関係を学習する方法です。たとえば大量に生
物の写真を見せ、それぞれの写真にその生物の名前をラベルとしてつけ
ておきます。そのうえで猫や犬の写真を見せると、AIが「これは猫だ」
「これは犬だ」と判断するのです。身近なところではスパムメールを弾く
フィルターなどにこの技術が用いられています。

▶ **教師なし学習**（Unsupervised Learning）：これは、ラベルなしの大量のデー
タから構造やパターンを見つけ出す技術です。先述した、人間が気づき
にくいパターンや、クラスター（グループ）を発見できるという特徴があ
ります。たとえば、購買行動やサイトの閲覧履歴から、実は顧客は当初

図1-2 **教師あり学習のイメージ**

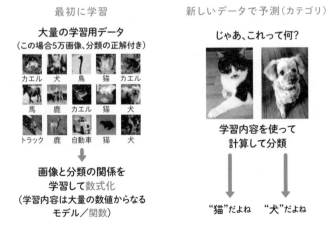

出所：ブリティッシュコロンビア大学が提供しているCIFAR-10（https://www.cs.toronto.edu/~kriz/cifar.
html）をもとに作成

の想定と反して、性別に関係なく2つのセグメントに分かれることがわかったなどです。AIはその因果関係までは示してくれないことが多いので、そこを考えるのは人間の仕事ということになります。

▶ **強化学習**（Reinforcement Learning）：これは、最適な行動を学習させる方法であり、報酬とペナルティを用いて学習を進めます。近年一気に性能を上げて人間をはるかに凌駕してしまった将棋AIや囲碁AIは基本的にこの技術を用いています。つまり、対局に勝つとインセンティブが与えられるような設計となっており、それを最大化するように学習し、進化するのです。ビジネス用途では、ロボットの動きの最適化などにも強化学習が用いられています。

▶ 深層学習

　深層学習は、機械学習の一手法であり、多層構造のニューラルネットワークを用いてデータから学習を行うアプローチです。近年の計算能力の向上とビッグデータの利用により、深層学習は多くの分野で利用されるようになりました。

　ニューラルネットワークは人間の脳の神経細胞（ニューロン）の働きを模倣した計算モデルです。**入力層、隠れ層、出力層という3つの主要な層から構成されます。**

　重要なのは隠れ層で、この層の部分が増えるにしたがって飛躍的に計算能力や表現能力が上がることが知られています。ただ、なぜそうなるかの明確な説明は現段階では難しく、現段階では「経験論的にそうなる」とされています。

　図1-3の例は、MNISTと呼ばれる手書き数字の画像データセットの判別です。これを行うには、まず教師あり学習で無数の手書き数字を読み込ませます。その際、個別の手書き数字についてAIが読み込むのは単なる図形、あるいは白黒の濃淡です。それを学習させると、たとえば図1-3左端の「5」と書かれているように見える画像を最終的に数字の「5」と判断するのです。

図1-3 深層学習（手書き文字の認識の例）

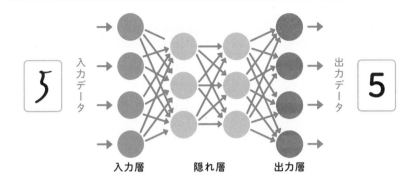

深層学習は非常に複雑なものに見えますが、そのベースは先述した回帰分析にあり、逆に言えば回帰分析を大きく発展・進化させたものが深層学習と考えるといいでしょう。

これ以上の詳細は一般のビジネスパーソンには不要と思われるので、本書では割愛します。ただ、近年のAIの進化はほぼこの深層学習を土台として

図1-4 回帰分析は深層学習につながる機械学習の入り口

散らばっている点からの距離の二乗の合計が、最小になるような線を引く

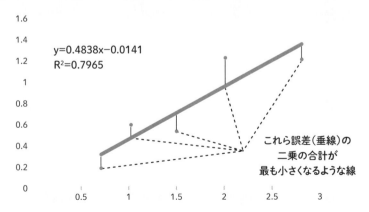

いることは知っておいてください。以下詳述する生成AIも同様です。

Point

- ☑ 機械学習はAIの一手法だが、現在では機械学習をAIとほぼ同様に扱うことが多い
- ☑ AIが最も得意とするのは予測やグルーピング
- ☑ AIは人間には分析不可能なビッグデータに関して威力を発揮する

生成AIと自然言語処理

実践難易度 一
理解難易度 易〜中

Part 1

ベーシックスキル：テクノロジーを知っておくことでできること

いよいよ生成AIについて説明していきます。まず、生成AIと、自然言語処理系の生成AIのベースになっている大規模言語モデル（Large Language Models：LLM）について触れましょう。

▶ 生成AIとは

まず、生成AI（Generative AI）について簡単にその定義をしておきましょう。生成AIは、データの分布や特性を学習し、新しいデータを「生成」することを目的とします。たとえば、既存の画像やテキストを基にして、それらに似た、あるいはその自然な延長と人間がみなすような新しい画像やテキストを生成するのです。

画像生成AIに使われている技術としては、敵対的生成ネットワークがあります。これは、生成器と判別器という2つのニューラルネットワークを使用するものです。**生成器はデータを生成し、判別器はそのデータが実際のデータなのか生成器によって生成されたものなのかを判定します。**この2つのネットワークが競争しながら学習を繰り返し、最終的には生成器が本物と見分けがつかないレベルのアウトプットを生成します。最近ではノイズの画像からスタートするDiffusionモデルもよく用いられています。

言語系生成AIの中でも2022年末に公開され、世の中に大きなインパクトを与えたのが、OpenAIが開発したChatGPTです（その後2023年にはやや上位版のGPT-4が公開されました）。なお、ChatGPTは2022年3月に公開されたGPT-3.5のファミリーという位置づけです。

ChatGPTの登場は多くの人々にとって、連続的な性能向上ではない非連続的な技術革新と受け取られました。AIに長年取り組んでいるグーグルの開発者すら驚いた、あるいはグーグルの経営陣が社内に「対ChatGPT特別警報」を出したという事実が、この技術の革新性を物語っています。

　いまや多くの組織が生成AIに取り組んでいますが、浸透度や性能の高さゆえ、現時点では生成AI≒ChatGPT（もしくはGPT-4）と言ってもよい状況です。もちろん、数年内にはこの世界観も変わる可能性がありますが、本書では基本的に多くの人にとって身近なChatGPTを生成AIの代名詞として用い、説明をします。

　ChatGPTの特徴としては以下があります。ちなみにこの特徴はまさにChatGPTに「7つの特徴を教えてほしい」という指示（プロンプト）を与えて返ってきた回答です。なお、同じプロンプトを与えても、時期やバージョン、あるいはそれまでに入力した情報等によって、必ずしも同じ答えとはならないことはご注意ください。

①**大規模なデータセットの利用**：GPTシリーズは、Webから集められた大量のテキストデータを学習に使用しています。
②**Transformerアーキテクチャ**：自己注意機構を中心としたこのアーキテクチャは、シーケンスデータの扱いに革新をもたらしました。
③**転移学習の活用**：一度学習したモデルを特定のタスクにファインチューニングすることで、さまざまな応用が可能になりました。
④**少ないラベルデータでの学習**：GPTは、大量の非構造化データを使って事前学習され、少ないラベル付きデータでも高い性能を発揮します。
⑤**多用途性**：1つのGPTモデルで、質問応答、文章生成、要約、翻訳など、多岐にわたるタスクをこなすことが可能です。
⑥**テキスト生成**：GPTは、与えられたプロンプト（入力する文またはフレーズ）に対して、非常に自然で人間らしいテキストを生成する能力を持っています。
⑦**透明性と柔軟性**：モデルの出力は、プロンプトや微調整の方法によっ

て調整やカスタマイズが可能であり、多様なニーズに対応できます。

このうち②③④は技術的な内容なので一般のビジネスパーソンはいったん忘れていただいてかまいません。

重要なのは、①（数十億とも言われる）Webから集められた情報を用いている、⑤質問応答、文章生成、要約、翻訳など、多岐にわたるタスクをこなすことが可能、⑥非常に自然で人間らしいテキストを生成する、⑦プロンプトや微調整の方法によって調整やカスタマイズが可能であり、多様なニーズに対応できる、の4点でしょう。

端的に言えば、プログラミング言語で指示を出さなくても、我々が日常用いている言語、すなわち自然言語で指示を出せば（すなわちプロンプトを与えれば）、要望に合わせたさまざまなタスクをこなしてくれ、完成度の高いアウトプットを出してくれるということです。

たとえば「1から100までの整数を足すプログラムをPythonで書いてください」（PythonはAIの代表的プログラミング言語）という指示を与えれば、ほんの数秒でそのプログラムを書いてくれます。

実際のよりビジネスと紐づいた応用方法については後述します。

▶ 自然言語処理と大規模言語モデル

一般人にとって最も重要なChatGPTの特徴は、日常話す言葉（自然言語）で指示を出せば、必要なアウトプットを出してくれるところです。それを支えているのが大規模言語モデル（LLM）です。これは、きわめて多くのテキストデータを読ませてAIに学習させ、AIに伝えたい指示（プロンプト）を言語で与えたり、言語でアウトプットを出させたりするものです。LLMには多種多様なものがあり、さまざまな企業や組織が独自の開発を進めています。

まずはオーソドックスな（小規模な）言語モデルの原理から解説しましょ

図1-5　言語モデルとは？

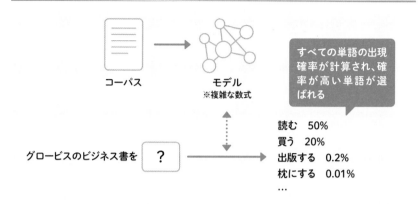

う。たとえば「グロービスのビジネス書を」という文章の後に続く言葉として どのようなものが予測されるでしょうか。最もありそうなのは「読む」「買う」「薦める」「ネットで」などでしょう。それに対して、「食べる」「乗る」「料理する」「地図上で」といった言葉が続くことはまずないと考えられます。

　これは人間なら当たり前にできる判断ですが、AIには容易ではありません。そこで、事前にコーパス（大量のテキストデータ）を学習させ、そこからモデルを作成し、予測対象のテキストをそのモデルにかけるのです（図1-5参照）。学習の結果、図中にあるように、あらゆる単語の出現確率が計算され、確率が高い単語が選ばれるようになっています。

　このケースであれば、「読む」という言葉が続く可能性が高いという判断をAIが下すわけです。

　さて、コーパスが巨大になればなるほど予測精度が上がることが容易に想像されます。では大規模自然言語処理ではどのくらいのコーパスを利用しているのでしょうか。

　それを図示したのが図1-6です。

　大規模言語モデルでは、コーパスが巨大になるだけではなく、パラメータ

図1-6 **大規模言語モデルとは？**

	言語モデル	大規模言語モデル
コーパス量	数GB	数千GBから数TB
パラメータ数 例：y = ax+b	多くても数万	数千億

の数も劇的に増えています。パラメータは数学用語ですが、ここでは「何か
を説明する際に工夫できるポイント、要素」くらいに考えてください、パラ
メータが増すと以下の効用が得られる結果、予測の精度が上がります。

● 表現能力の向上
● 多様なデータを処理・学習できる
● 汎化の能力が上がる

　驚くほど滑らかなChatGPTのアウトプットは、これらの特性が活かされ
ているのです（より厳密には、Instruction Tuningと呼ばれる、ユーザーの指示に対し
て望ましい出力をする学習がさらに大きく寄与していますが、ここでは割愛します）。
　ChatGPTのファミリーと言われるGPT-3.5と、その前のバージョンの
GPT-3（2020年公開）に同じ質問をしたときの回答の違いを図1-7に示しまし
た。非常に大きな差と言えるでしょう。
　2030年頃にさらにどのような進化が起こっているかは予測が難しいです
が、「ITの進化は指数関数的である」あるいは「ITの進化は部外者には往々
にして非連続的に見える」という点は意識しておきたいものです。

▶ ChatGPTの現時点での弱点

実際にChatGPTを使われた人はお気づきかと思いますが、本書を執筆し

図1-7 大規模言語モデルが進化するほど答えが自然なものになる

質問　こんにちは。好きな食べ物は何ですか?

GPT-3の回答

好きな私の食べ物の全てはタラバガニだと思います。私はタラバガニが大好きなのです。
player,assistant,food=p(player,assistant,food),p(player,assistant,food) 〜〜
Taro=Taro,Taro 〜〜
タラバガニ=タラバガニ,タラバガニ 〜〜

GPT-3.5の回答

申し訳ありませんが、私はAI言語モデルですので、食べ物を食べることはできませんし、好みもありません。ただし、人々が好きな食べ物に関する情報を知ることができますので、何か質問があればお気軽にお尋ねください。

ている2023年11月現在では以下のような弱点も抱えています。

▶ **平気で嘘をつく**（誤ったアウトプットを出す）：ChatGPTはかなり精度が上がったとはいえ、誤った情報をそのままアウトプットとして出すことがあります。これをハルシネーションと言います。しかも「自信がありません」などと書くことはほぼないので、真偽を判断する際に人間の力が必要になります。

　たとえば2020年に閉園した東京都の遊園地「としまえん」について知りたいと考えたとします。そこで単純に「としまえんについて教えてください」と指示を出してみました（2023年夏のことです）。その結果出てきた回答の冒頭が以下です。

「としまえんは、東京都豊島区に存在していた歴史ある遊園地です（以下略）」

　実際にとしまえんがあったのは豊島区ではなく練馬区です。「としまえん」を含む別の指示を出したときには、今度は「杉並区にある」と書いて

きました。グーグル検索ですらすぐにわかることを簡単に間違えるというのはある意味怖いことです。

2023年11月現在では、2023年3月までの情報しかアップデートされていない（そこまでしか学習していない）、すなわち情報が少し古いため、変化の速い業界では最新の情報を確認する必要があるという点も意識しておきましょう。ただし、GPT-4や、ChatGPTを搭載しているEdgeブラウザのBingでは、検索と組み合わせるという工学的なソリューションでこの弱点を緩和しています（ただし、質問の内容にもよりますが、日本語の質問に英語で返答してくるといった事象もよく生じます）。

▶ 指示（プロンプト）に従わないことがある：しばしばあるのが、指示を無視するケースです。たとえば「ビジネススクールに通うことのメリットを4パラグラフ以上、5パラグラフ以下で説明してください。その際『キャリア』という言葉は使わないようにしてください」という指示を出してみます。その際の回答例では、4つ目のパラグラフに「新たなキャリアパスを開拓することができます」と書いてありました。これも非常に不思議な事象です。

▶ 長期記憶ができない：ChatGPTの良いところは、文字通り会話（対話）をする感覚でどんどん指示を出せるところです。しかし、会話が長くなると、つい十数個前の指示に答えた内容を忘れて、それとは矛盾する答えを返すことがあります。

ここでは3つの典型的な弱点を挙げました。こうした弱点は、計算能力のさらなるパワーアップ等によってある程度までは解消されていくでしょう（一方で、ジャンク情報がネットに増える結果、精度は比較的早く頭打ちになるという見方もあります）。現時点ではこれらに留意しながらChatGPTと付き合う必要があるのです。

☑生成AIの本質は予測モデルである

☑生成AIにはいくつかの留意すべき弱点がある

生成AIを活用する

　生成AIの基本がわかったところで、いよいよビジネスパーソンが ChatGPTを何に活用できるかを説明していきます。いろいろな言い方はできますが、「言語に関するタスクは何でもできるようになる。逆に言葉を使うタスクで使えないことはない」という表現が適切かもしれません。「少し勘違いをすることもあるけれど、非常に優秀なリサーチャー、アナライザー、秘書、相談役を同時に手に入れた」と言う人もいます。本書の執筆・編集を担当している私（嶋田）もパソコンで仕事をする際にはもはや手放せない相棒と化しています。いまやホワイトカラー的なビジネスパーソンが生産性を上げるうえで、ChatGPTは「使う方がいい」ではなく、「使わないといけない」ツールとなりつつあります。

　以下、典型的な活用シーンを7つ見ていきましょう。なお、これらのシーンは必ずしもMECE（漏れなくダブりなく）にはなっていないので注意してください。また、具体例で紹介する回答は、基本的に2023年11月現在、私のGPT-4で返ってきた結果であり、バージョンや使う人によって回答には多少の違いが生じます。

▶ 1. 調べ物をして結果をまとめてもらう

　現時点で最も多くの人が利用している用途かもしれません。たとえばテスラモーターズについてほとんど何も知らない人がいたとします。そのような人であっても、「テスラモーターズについて、その特徴を箇条書きで5個、100字程度で教えてください」というプロンプトを与えると、以下のような返事がすぐに返ってきます。

電気自動車のパイオニア：テスラは高性能電気自動車の先駆者で、環境に優しく、パワフルな車両を市場に提供しています。

直販モデルの採用：ディーラーを通さず、直接消費者に車両を販売することで、購入プロセスを簡素化しています。

ソフトウェアによるアップデート：車両の性能や機能をソフトウェアアップデートによって向上させ、常に最新の状態を維持しています。

自動運転技術の開発：先進的なオートパイロット機能を提供し、将来の完全自動運転に向けて技術を進化させています。

エネルギーソリューション：太陽光発電やエネルギー貯蔵製品を通じて、持続可能なエネルギーソリューションを推進しています。

　これらの特徴は、テスラが単なる自動車メーカーではなく、エネルギーと輸送の未来を変革しようとする企業であることを示しています。

　これらは、これまでの検索のやり方では調べるのに時間がかかりますし（おそらく数個のサイトは見る必要があるでしょう）、それ以上にまとめるのが大変です。そうした作業を瞬時に行ってくれるのがChatGPTの良い点です。公式資料に用いる場合はもちろん最終的なファクトチェックを別途行う必要はありますが、個人的に知りたいことを調べるだけであれば、これだけでも十分かもしれません。
　実は「間違ったことを言う」というChatGPTの弱点も、その分野や領域に特化したプラグイン（ソフトウェアの機能を拡張するために追加するプログラム）を入れたり、先述したBingのように検索と組み合わせたりすることで、ある程度は回避することができます。大規模言語モデルの弱点も、工学的な手法である程度は補えるわけです。

もう少し抽象度の高い質問に答えてくれるのも魅力的です。たとえば「社会人が改めて世界史を学ぶ意義を5つ教えてください」あるいは「数学は文系の人間にどのように役に立つのでしょうか」という問いは、単なる知識の伝達ではなく、構造化が必要なため、なかなか答えるのが大変です。しかし、これをChatGPTに指示として与えるとすぐに箇条書きにした答えが返ってくるのです。このように人間であっても答えることが難しい問いにすぐに答えてくれるだけでも、ビジネスパーソンの生産性は大いに上がります。

▶ 2. 要約、編集、翻訳などを行う

　要約や編集、翻訳などもChatGPTは得意としています。たとえば1500字の文章を500字に要約してくれと指示を出せばそのとおりの文章が返ってきます。私の経験では、元の文章がよほど癖のあるものでない限り、きわめて重要な部分を落としてしまうといったことは少なく、非常に良いアシスタントとして機能します。

　多くの人が役に立つと指摘しているのが、読むのが億劫に感じる外国語の論文やホワイトペーパーの要約です（当然、後述する翻訳機能とも関連します）。業務上、そうした最新情報に目を通す必要のある人には本当に役に立つツールと言えます。

　編集については、校正（企業の独自ガイドも含む）なども得意としています。ただ、「よりわかりやすくなるように順序を入れ替えてほしい」といった指示には必ずしも1回で望み通りのアウトプットは返ってきません。

　翻訳も非常に高いレベルになっています。日本人の立場で言えば、英語の翻訳の精度は翻訳専用のソフトとほぼ互角です。そのうち「下訳」（最終的な翻訳の前のラフな翻訳）などの仕事はすべてChatGPTに任せてもいい時代が来るでしょう。

　英語以外の言語についてはまだスピードが遅く、精度も落ちます。しか

し、今後コーパスが増せばある程度までは精度が上がるでしょう。

　また、技術進化により、従来のやり方だとモデルが大きくなりすぎて実用的ではなかったケースでも、モデルを小さくできることで計算量を減らし、時間短縮やコストダウンができるようになります。その結果として、スマートフォンのような小さなデバイスへも搭載できるようになるでしょう。

　なお、ここまでの話は調べ物も含めてすべて音声入力（さらには出力）にも対応可能です。ただし、その場合には専用のソフトウェアを導入したり、ChatGPTのAPI（Application Programming Interface：異なるソフトウェアやサービスが効果的に連携して作動するための言語や手順、ツールのこと。本ページのコラム参照）と連動させたりする必要性があります。指示に対して返ってきたテキストを音声化するシステムも導入すれば、外国人ともラフな会話程度はできるようになります。コミック『ドラえもん』に「ほんやくコンニャク」という夢の道具がありましたが、それに近い未来が近づいているのです。

　音声入力に関する現在の課題は、話者の分離（識別）です。たとえば私が1人でスマートフォンやパソコンに直接話しかければ、機械がそれを誤認することはありません。しかし、会議など数人、時には十数人が喋る場合、機械が話者を識別するのは容易ではありません。リアルの会議の議事録の自動作成などはもう少し技術進化を待つ必要があるでしょう。

　ただし、Zoomのようなオンライン会議であれば、誰が喋っているのかが明確なため、話者分離も可能となってきています。

---

column
API（Application Programming Interface）

　APIとは、他者（組織や個人）が持っているデータやアルゴリズム、サービスをユーザーが使えるようなインターフェイスのことです。APIを利用することで、他者が提供しているサービスを自社のアプリやウェブで利用できるようになります。システムの開発者はAPIを利用することですでに存在する機能やデータにアクセスできるため、

大幅に時間を節約できることになります。いまやAPIを介して他者の
サービスと「相乗り」することは常識化しています。

図1-8 **API**

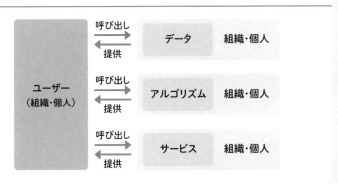

図1-9 **ウーバー（Uber）に見るAPIの活用**

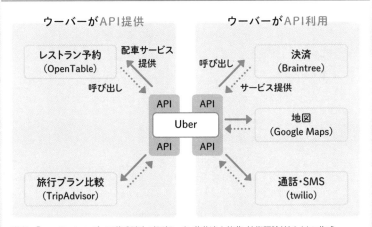

出所：『フィンテックエンジニア養成読本』(阿部一也、藤井達人他著、技術評論社)をもとに作成

▶ 3. 草稿を作る

　メールやスピーチなどの草稿作成にもChatGPTは使えます。この用途では、特に指示を正確に伝えること、あるいは対話の中でそれをブラッシュアップすることが必要となります。

　たとえば、「企業研修のマーケティングのクラスの最終回が終わった後、最後を締めくくる印象的なフレーズを300字で書いてください」と指示を出すと以下のようなアウトプットが出てきます。

　　「マーケティングの世界は、絶えず変化し進化する舞台であり、我々はその演者として常に最前線で挑戦し続ける必要があります。この研修を通じて、基本的な枠組みや戦略の重要性を学んできましたが、真のマーケティングの力は、実際の現場での実践を通じてしか理解できません。明日からの仕事の中で、ここで学んだ知識を活かし、顧客の心に響く価値を生み出してください。そして、失敗を恐れずに新しいアイデアやアプローチを試みることで、その深い奥行きと可能性を最大限に引き出してください。皆さんのキャリアが、真のマーケティングの力を持つビジネスリーダーとしての輝かしいものとなることを心から祈っています」

　おそらくこれをこのまま用いてもほぼ違和感はないでしょう。ただ、もう少し熱意を伝えたいと考えるならば、たとえば「この文章をもっとエモーショナルなものにしてください」と指示を与えてみるといいでしょう。こうした自分の希望に合わせたチューニングを図れることもChatGPTの大きな特徴です。

　　「マーケティングの世界は、情熱の舞台。ここでは、常に風が変わり、新しい時代が息づきます。この短い研修の時間を共に過ごし、皆さんが学び取った知識や感動は、ただの情報ではありません。それは、お客様の心を深く動かすための魔法の種です。明日、実際の戦場でどんな困難

に出会ったとしても、この瞬間の情熱と学びを胸に、恐れずに新しい
　　チャレンジを受け入れてください。失敗も、成功も、それはすべて皆さ
　　んの成長のバッジです。マーケティングはただのビジネスではなく、情
　　熱の物語。皆さんの未来が、その物語の中で最も輝く章となることを、
　　心から願っています」

　このような作業を経て、必要な箇所を自分の言葉に置き換えれば、それま
で一定の時間を要した草稿の作成がすぐにできることになります。

　文章を書くというのは非常にエネルギーがいりますし、疲れるものです。
1冊の書籍を完成度高く仕上げるのは難しいですが、数千字程度の草稿であ
れば、指示の与え方を工夫することで比較的容易に作れるのです。
　多くのビジネスパーソンが作る文章の長さは長くても数千字程度と思われ
ますので、特段の必要があって差別化しなくてはいけない場合以外、文章を
書く労苦は一気に減ると考えてよいでしょう。
　こうした時代にあっては、文章の差別化は、結局は書き手本人だけが知る
ビビッドな一次情報や一次体験、あるいは他の誰にもないモノの見方や本人
の人となり、オリジナリティということになるのかもしれません。
　なおここでは詳細には触れませんが、適切なAPIを用いれば、文章だけで
はなく、PowerPointの作成にもChatGPTは応用できます。

▶ 4. 分析をする

　OpenAI公認のプラグインを用いると、ChatGPT上でPythonコードを
実行したり、その延長線上でExcelファイルの分析などを容易に行うことが
できます。ノーコード（プログラムのコードを書く必要がないこと）で、さまざま
な指示を与えることができるのです。

　グロービスでも大学院のクラスでこれを用いた演習を行う予定です。具体
的には、タイタニック号に乗り込んだ乗客の属性データをCSVファイルと

してアップロードし、属性ごとに生存確率などを見積もらせます。人間の手でExcelを動かして探索的に行うと多くの時間がかかるような作業であっても、かなりの短時間で終了します。

　単なる結果の分析だけではなく、決定木（樹形図を用いてデータを分析する手法で、機械学習で多用されている）を用いた生存確率の予測モデルなどもすぐに作ってくれます。100点の出来栄えとは言えませんが、実務的には十分使用に耐えるものができます。

　多くの企業では顧客データをCSVファイルとして持っているケースが多いでしょう。その分析や予測モデルの作成も、ChatGPTを使うことで、専門知識を持ったアナリストに依頼するように行えるのです。

　今後もサードパーティがどんどん有用なプラグインを出してくるでしょう。どのプラグインを使うと何ができるのかを知っておく（あるいはそれに詳しい人と知り合いになっておく）ことも、生産性を上げたいビジネスパーソンにとって大事です。

　たとえば自分のメールの癖を指摘してくれるプラグインが登場するかもしれません。あるいは、現在は、数人の忙しい人のスケジュールを合わせようとすると、それこそ「にらめっこ」が必要ですが、それも解消されるかもしれません。そうした便利なものを先行して取り入れ、横展開できる人が高い評価を受けることとなるでしょう。

▶ 5. アイデアを出してもらう

　さまざまなアイデアを出す際にもChatGPTが役に立ちます。たとえば「HIV感染予防のキャッチコピーを10個考えてください」という指示を出してみましょう。結果は以下でした。

　愛と安全性を選び、HIVから守ろう。
　未来を守るために、HIV予防を意識しよう。
　知識は力。HIV感染を防ぐ知識を共有しよう。

安全な選択は永遠に価値がある。

自己保護の第一歩：HIV感染を防ごう。

愛と責任を持って、HIV感染を防ごう。

HIVを防ぐために、行動を起こそう。

感染を止めるのは私たちの手にかかっている。

HIV予防は、未来への贈り物。

愛と知識で、HIVから自分と他人を守ろう。

　ややありきたりかもしれませんが、「量は質に転化する」とも言います。1人でうんうんと悩むよりも、ChatGPTを使えばあっという間に多数の候補を出してくれるのです。

　ここでさらに、自分が一番好みと感じた「『愛と知識で、HIVから自分と他人を守ろう』のキャッチコピー案をベースに、さらに工夫したキャッチコピー案を7個出してください」と指示してみます。その結果が以下です。

愛と知識が共に輝く、HIVからの守護者になろう。

知識と思いやりが道を照らす。HIVから守ろう。

心と頭を合わせ、HIVを撃退しよう。

愛を育み、知識で盾を築こう。HIVから身を守ろう。

知恵と愛情で、HIVに立ち向かおう。

情熱的な愛と正確な知識で、HIV感染を防げ。

愛の力と知識の光で、HIVからの闇を追い払おう。

　こうした作業を繰り返していくと、ある程度効果のあるキャッチコピーが出来上がるわけです。おそらく十数分で済むでしょう。これも生産性を大きく向上させます。

　ちなみに私は、HIV感染予防のキャッチコピーと言えば、約20年前のACジャパン（旧公共広告機構）とエイズ財団による「カレシの元カノの元カレを、知っていますか」が秀逸だと思っていますが、さすがに現時点ではまだそこまでには至らないようです。

ChatGPTはしょせん予測モデルなので、やはり限界はあるのです。玉石混交のネット情報すべてから学習することも、「そこそこの答え」あるいは「悪くはないけれどきわめて秀逸ではない答え」を返すことの一因となっています。

アイデア出しに限らず、指示を与える際には、複数の人間のペルソナ（ここでは想定人物の個性・特性くらいに捉えてください）を設定して作業させることもできます。

そこで、「2人で今までになかったカレーの商品企画についてブレストして12個アイデアを出してください。1人はカレー好きの30代女性、もう1人は20代の食欲旺盛な男性です」と指示してみました。なお、こうした指示の与え方は後述するようにさらに細かく設定できるのですが、ここでは割愛します。

30代女性（カレー好き）の提案：

アロマカレー：カレーにエッセンシャルオイルを組み合わせ、食べるときにリラックスできる香りを楽しめる。
デトックスカレー：体のデトックスに良い成分を持つ食材（例：ターメリック、ジンジャー）をふんだんに使用したカレー。
スキンケアカレー：コラーゲンやヒアルロン酸を取り入れた美容効果をアピールするカレー。
甘酒カレー：甘酒の甘さと旨味を活かした新感覚のカレー。

20代男性（食欲旺盛）の提案：

超大盛りチャレンジカレー：一定時間内に完食すれば商品が無料になる、食欲旺盛な人向けの特大カレー。
プロテインカレー：筋トレ愛好者やアスリート向けに高タンパク質の材料を使用したカレー。

ステーキカレー：厚切りのステーキをトッピングとしてのせた、ゴージャスなカレー。

3層のカレータワー：スパイシーカレー、クリーミーカレー、野菜カレーの3種類が1つの皿で楽しめる。

共同の提案：

季節限定カレー：それぞれの季節の食材を取り入れた季節限定のカレー。

カレーフォンデュ：とろとろのカレーソースを用意し、さまざまな具材をフォンデュスタイルで楽しむ。

カレー寿司：寿司の具材にカレー風味を加えた、新しい形のカレー体験。

ヘルシーカレーサラダ：野菜中心のサラダにカレーソースをトッピングする、軽い食事としてのカレー。

　実際にモノになるかどうかは別にして、ユニークなアイデアはたくさん出ました。開発担当者であれば、仕事を進めるうえで多少なりともヒントを得られるでしょう。

column
ChatGPTは科学的な発見ができるのか

　ChatGPTとはいえ苦手なことは多々あります。その1つにアブダクション（結果から遡って原因を推測する論理展開）があります。たとえばニュートンは「月は地球を回るのに、リンゴは地上に落ちる。これはなぜ?」と考え、万有引力の法則という仮説を導き出しました。あるいはコペルニクスは特に惑星の観察結果からそれまでの天動説を疑い、地動説のモデルを主張しました。こうした思考は現時点ではChatGPTは行うことはできません。

　考えてみれば、これらは過去百数十億人存在した人類のわずか数人が気づいたことですから、大規模言語モデルを用いたとしても不可能なのは当然なのです。

Part 1

ベーシックスキル：テクノロジーを知っておくことでできること

とはいえ、単純なアブダクションについては、それなりの仮説を返すようにはなっています。訓練されたプロの研究者の創造性を超えるのは難しいでしょうが、一般人程度のレベルにはおいおい達するでしょう。

▶ 6. 相談する

ChatGPTは文字通りチャットしながらより良い成果を得られるツールです。自分の考えたアイデアが良いものか否かや、悩みを相談する相手としても機能します。すでにアメリカでは司法試験や医師の国家試験に合格する程度の実力はありますので、名弁護士や名医レベルには届かないまでも、まずまずの法律相談や健康相談の相手としても機能するでしょう。また、相手のペルソナを設定することで、ロールプレイングの相手としても使えます。

なおペルソナは「東京都に住んでいる30代前半の働く独身女性」のように設定することもできれば、「織田信長」や「稲盛和夫」のように個人を指定することも可能です。個人の場合はネット上にある程度その人物の発言や一般的な評価などがあることが前提となります。

ここでは、「稲盛和夫であったら、経費の水増しをした若手社員をどう処遇するでしょうか」と聞いてみました。参考になる部分も多いでしょう。

稲盛和夫は「正道経営」を掲げ、誠実さと正直さを非常に重視しています。経費の水増しは不正行為に該当するため、彼の哲学に照らし合わせると、そのような行為は厳しく糾弾される可能性が高いです。

ただし、稲盛和夫はまた、人間の成長や教育の重要性も強調しています。若手社員が経費の水増しをした背景には、無知や誤解、あるいは会社に対する誤った認識があるかもしれません。稲盛和夫であれば、その若手社員に対してただちに厳罰を下すのではなく、まずは教育と指導を行うと考えられます。

彼はその人が自らの過ちを認め、反省し、成長する機会を与えるべき
だと考えるでしょう。ただし、その教育が効果を上げなかったり、同様
の不正行為が繰り返されたりした場合には、より厳しい処置がとられる
可能性もあります。

　結局のところ、彼の経営哲学に基づくと、不正行為を許容することは
ありませんが、人間の成長と反省の余地を与えることも重要だと考えら
れます。

　技術がさらに進化すれば、単なる相談相手ではなく、ChatGPTの方から
音声ソフトなどを介してアドバイスを適宜くれたり、指示を出したりしてく
れるかもしれません。たとえば「今日は木曜日なので、21時のこの番組は
見落とさないようにしてください」などです。ユーザーの行動履歴を何かし
らの形でインプットできるようになれば、より精度高くパーソナライズされ
たアシスタント役、秘書役として機能するわけです。数多く来るメールのう
ち、すぐに対応すべきメールや、対応すべきなのにそれを忘れていたメール
などを判断して教えてくれるという機能もおいおい実装されるでしょう。

▶ 7. アプリを作る

　少し上級編になりますが、ChatGPTをAPIと連動させれば、簡単なアプ
リを作ることもできます。「アイデアさえあれば、どんなアプリでも作るこ
とができる」と言えます。

　たとえば、カスタマーサポートボットなどはわかりやすい例です。
ChatGPTを使って、ウェブ上でユーザーサポートを行うチャットボット
（テキスト応答を行う自動会話プログラム）を作成するのです。これにより、それ
まで人手で対応していた問い合わせの一部をアプリに置き換えることができ
ます（直接人間と話したいユーザーは別途そこに誘導するなどの対策は必要です）。

　情報検索のアシスタントアプリを作ることもできます。これはたとえば、

レストラン検索用のAPIやホテル検索用のAPIと組み合わせて、ユーザーの要求に応じた情報をより的確に提供するものです。さらに予約用のアプリと連動させれば、対応する業界の予約APIと連携して、実際に予約手続きを行うこともできます。

　APIの利用は、一般のビジネスパーソンにとって、最初はハードルが高く見えますが、簡単なものから触れてみるとそこまで難しいものでもありません。コードを書くことなく（ノーコードで）自分の目的にかなったアプリが作れる時代になっているのです。プロが作った汎用的なアプリに勝る機能を実現することは難しいでしょうが、自分用に使うのであれば、自分でさっと作って業務を効率化することも有効でしょう。これは基本さえ学べば数時間でできる作業です。

Point

- ☑生成AIは「言語」に関するタスクはほぼこなしてくれる
- ☑単純機能を使うだけではなく、プラグインやAPIを活用することでさらに業務の効率化を図れる

プロンプトの与え方を工夫する

理解難易度 易

実践難易度 易〜中

Section4

Part 1

ベーシックスキル：テクノロジーを知っておくことでできること

ChatGPTを使ううえでは、指示（プロンプト）の与え方が非常に重要になります。ChatGPTに対して特定の応答や出力を得るための質問や命令文を設計・最適化することをプロンプトエンジニアリングと言います。

まず、プロンプトエンジニアリングの基本的なコツとしてよく挙げられるものを6つ紹介します。結局は「ChatGPTがわかりやすいように、作業を進めやすいように」というところに帰着するのですが、慣れるまでは意識しましょう。

▶1. 聞きたいことを明確にする

ChatGPTに求める答えが具体的で明確であることが大切です。たとえば「私たちは子どもたちの教育を向上させる必要があると考えています。そのために……」というのはあまり良くない聞き方です。

このケースであれば、「中学校の数学教育を向上させるため、数学の教材を全面的に見直すとともに、専門家による教師研修を実施すべきと考えています。……」と指示を与える方が、最初からより核心に迫った答えを引き出すことにつながります。

▶2. 具体的に指示を出す

ChatGPTに特定の形式で答えさせるやり方です。たとえば、「5つ有名な事例を挙げてください」あるいは「200字程度で要約してください」「この施策が有効である理由を300字程度、3つの段落で示してください」といっ

た指示の仕方は有効です。

▶ 3. 段階的に聞く

　複雑な質問に答えさせる場合、最初にすべての情報を求めるのではなく、情報を段階的に取得できるように質問を分解します。たとえば「生成AIのリスクとその解決方法について教えてください」という聞き方でもそれなりの答えは返ってきますが、あまり効果的ではありません。

　このケースであれば、毎回の回答にもよりますが、

「生成AIが持つ基本的な特性や能力について、簡単に説明してください」

「現在、生成AIはどのような分野や目的で主に使用されていますか」

「生成AIには具体的にどのような危険性や問題点が考えられますか」

「そのような危険性や懸念が実際に発生した事例をいくつか教えてください」

「これらの危険性を軽減・回避するための対策や解決策としてどのような事柄がありますか」

「将来的に、生成AIの技術が進化することで新たに生じうる危険性や課題について教えてください」

　このように刻んで聞いていくと、より期待に沿った答えが得られる可能性が高くなります。

column
CoTとToT

　やや専門的になりますが、Chain-of-Thought（CoT）と呼ばれるプロンプティングもあります。これは複数の中間的な推論ステップを介して複雑な推論を実現するプロンプトの与え方です。またCoTでは、その過程で何か間違っていたとしても誤った考えに基づいたままどんどん進んでしまいます。それを避けるのがTree-of-Thoughts（ToT）です。詳細は技術的になるので割愛しますが、興味のある方は調べてみるとよいでしょう。

▶ 4. 再度問う

　異なる言い回しや角度からの問いかけを試すやり方です。たとえば「環境
にも優しく良質なタンパク源となる昆虫食を西洋に広げるにはどうしたら
いいでしょうか」は多少誘導的です。昆虫食を西洋に広げたいのであれば、
「昆虫食を西洋人にも抵抗ない形で提供するとしたら、どのような方法が考
えられるでしょうか」と少し角度を変えて問うと効果的です。

▶ 5. 意図を明確にする

　ChatGPTがユーザーの意図を誤解する可能性を減らすために、質問の背
景や意図を簡潔に説明します。たとえば「少子化対策に効果のある方法を5
つ教えてください」はやや漠然としています。

　これをたとえば以下のように聞くと、かなりピンポイントの回答が返って
きます。

「我々は、次の3つの意図の下、少子化対策を強化する必要があると考えて
います。1つ目は経済の持続的な成長を保つために労働力を確保することで
す。2つ目は、人口ピラミッドのバランスをとり、社会保障制度の崩壊を防
ぐことです。3つ目は、地域社会の活性化と、多世代が協力し合うコミュニ
ティの形成促進です。この目的に照らしたとき、少子化対策に効果のある方
法を5つ挙げるとしたらどのようなものになるでしょうか?」

▶ 6. 事例を事前に与える

　これはFew-Shotプロンプティングと呼ばれる手法です。たとえばあるカ
レーチェーンについていきなり「シーフードカレーの値段はいくらと推測さ
れますか」と聞いても良い答えは返ってきません。そこで参考情報として
ビーフカレーが900円、ポークカレーが800円、チキンカレーが700円とい
う情報を与えておきます。そのうえで「シーフードカレーはいくらと推測さ

れますか」と聞くと「800円前後」という回答が返ってくるのです。

　当然、タスクの複雑さや提供する事例の質や量によって、結果の精度は変わります。それを高めるには事前に与える事例を増やすとともに、正確な情報を提供することが必要となります。

　ここでは6つのティップスをご紹介しました。結局は人の言語化能力、さらには問いを正しく立てる力や物事を構造化して考えることのできる論理思考能力に帰着する部分が大と言えそうです。

▶ 長いプロンプトを与えれば、さらに多様なことができる

　ここまでは比較的短いプロンプトを前提に議論してきましたが、プロンプトをもっと長くして詳細な設定を入力することで、たとえばディスカッションや交渉などのシミュレーションを行うこともできます。

　たとえばA4で1ページくらいの情報を書き込めば、かなり詳細な状況設定はできるでしょう。そのうえで、「どのような交渉になるかシミュレーションしてください」などと指示を与えるのです。さらに結果を見て、「途中でこのような提案をしたバージョンも示してください」と指示すれば、また別のシミュレーションも示してくれます。

　このケースでも、用語の意味を明確にしたり、背景、意図がわかりやすいように書いたりすることが大切です。

Point

- ☑ 良い答えは良い指示（プロンプト）があってこそ実現する
- ☑ 良い指示を出すためには論理的に考えることや、言葉の力を磨くことが求められる

生成AIがもたらす
「少数精鋭」の時代

　ここまではChatGPTの活用方法と基本的なティップスについて見てきました。では、ChatGPTは結局ビジネスの世界をどのように変えてしまうのでしょうか。

▶ アウトプットの二極化が進む

　さまざまなシナリオが考えられますが、我々は「少数精鋭の時代が来る」と予想しています。まず、現在Microsoft365で行っているようなことは10分の1の時間でできるようになるでしょう。若手も、ベテランが長年かけて習熟してきた作業にキャッチアップしやすくなります。これだけを聞くと残業も減り、若手も早く仕事ができるようになり、いい話のようにも思えます。

　一方で、ChatGPTの進化とともに起こることとして、社内データの蓄積・可視化が進み、検索も容易になることが想定されます。つまり、さまざまなKPI（重要業績評価指標、重要経営指標）やノウハウにより容易にアクセスできるということです。そうなると何が起きるでしょうか。

　まず、仕事を進めるうえで必要だった打ち合わせやブレストなどの必要性が減ります。収集したデータをベースにChatGPTを用いると、高いレベルのアウトプットが得やすくなります。部下も管理職も、高いレベルのアウトプットを今まで以上に容易に出せるようになるのです。

　また、さまざまなルーティーンワークの負荷も減ると予想されます。必然的により価値創造につながる仕事にフォーカスできるようになるでしょう（短期的には玉石混交のアウトプットが生まれるため、その評価に時間がかかり、かえって忙しさは増しそうですが）。

一方で、基本ツールとなるChatGPTをうまく使いこなせない部下や管理職はアウトプットのレベルが相対的にはなかなか上がりません。つまり部下も管理職も、アウトプットを出せる人と出せない人の優勝劣敗がより明確になり、二極化が進むということです。

　では、この状況でサバイブするためには何が必要なのでしょうか。もちろんChatGPTの使い方を磨く必要があります。プロンプトの与え方やプラグインの活用方法などはしっかり勉強する必要があるでしょう。そしてそれができるためには、ベースとしての論理思考力を磨く必要があります。ある程度の創造性ももちろん重要です。チャレンジ精神をもってChatGPTの進化にしっかりキャッチアップすることが何より大切となるのです。

▶ 部下や後進の育成が難しくなる

　人材育成はChatGPTの進化によって難しくなることが予想されます。一次情報と言える、生々しい体験を全員に積ませることは難しくなると考えられるからです。加えて、最初からChatGPTを用いて「下駄を履かせた」インプットやアウトプットに慣れてしまうと、そうした一次情報に対する感度がそもそも鈍る可能性があります。

　できる人とそうでない人の二極化が進むがゆえ、マネジャーが誰にどの程度の時間を割いて指導するかの判断に悩むケースも増えることが予想されます。メリハリをつけた指導をすることが必要になりそうです。

▶ ChatGPTは結局人を幸せにするのか?

　ChatGPTが業務効率や生産性を上げることはまず間違いないでしょう。一方で、簡単な仕事を人から奪ったり、ビジネスパーソンの優勝劣敗をより明確なものにしていったりする可能性は高いと言えます。こうした世界が住みやすいかと言えば難しい話です。

　実力があり向上心のある人は、今まで以上に速いスピードで駆け上がって

いくことができます。逆にそうでない人（こちらが多数でしょう）はなかなか生産性を上げられず、補助的な仕事に甘んじるしかありません。資本主義の必然として、どれだけ定型業務が効率化されたとしても、企業はどんどん仕事の総量を増やしていくと思われます。しかし、後者の人々が、新しい仕事に向けてリスキリングできるかと言えば難しいものがあります。二極化した人材の適切な配置は大きな問題となるでしょう。

もちろん、ITへのキャッチアップに苦戦している人材も、人間ならではの身体性や感情労働の力を活かすという方向性もあります。たとえば日本料理の職人としての腕を磨けば、英語ができればアメリカで10〜20万ドル稼ぐことも可能です。今後需要が増し、かつロボットでは対応しにくい介護の仕事に転職するという道もあります。

今まで以上にキャリアビルディングについて、早くかつ真剣に考えるべき時代が来ていると言えそうです。

もう1つ意識すべきは「日本語の障壁」や「日本の国境の障壁」が下がることです。日本語は世界で最も習得が難しい言語と言われ、我々はそれに守られる部分も大でした。特にサービス業においてはその恩恵は大です。しかし、テクノロジーが進化すれば、世界のあらゆる企業が競合となりうるのです（もちろん、逆に市場が大きくなるという側面もあります）。強烈な価格破壊やビジネスモデルの破壊がより頻繁に起こるかもしれません。

そうした中で日本人や日本企業がどのようにサバイブしていくのかという視点を常に持ち続けることもとても大事になるでしょう。

Point

- ☑ 生成AIによってビジネスパーソンの優勝劣敗がより明確になる
- ☑ 勝ち組になりきれない人は慎重かつ幅広にキャリアを検討する必要がある

問題解決の
レベルを上げる

問題解決（課題解決）にはいくつかのアプローチがあります。

従来からビジネスパーソンが問題を設定し、解決するための思考で、これからの時代も必要と考えられているのがクリティカル・シンキングをベースとしたアプローチです。2つ目は、コンピュータの力を借り、人が行う以上の問題特定や探索、試作実行や施策を行うアプローチであるテクノベート・シンキングです。3つ目は、顧客の観察や共感をベースに「手触り感のあるプロダクトを提供しよう」というデザイン・シンキングです。

図2-1 3つの問題解決方法

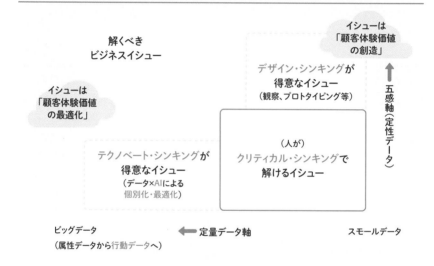

本章では、より多くの人に関係があると思われる、クリティカル・シンキングとテクノベート・シンキングをベースとした問題解決について解説をします。デザイン・シンキングについてはChapter9で簡単に触れたいと思います。

なお問題には「発生型」と「設定型」の2種類があります。「発生型」は、社内で起こったトラブルや目標未達など、顕在化している問題です。一方「設定型」は、顧客数をさらに2割上げるなど「ありたい姿（あるべき姿）」を設定し、その姿と現状の埋めるべきギャップを問題と考えるものです。本章で使う問題という言葉は、特に記載がない場合は両者を含みます。

クリティカル・シンキングによる問題解決アプローチとその進化

理解難易度 易～中
実践難易度 中

Section1

1

ベーシックスキル：テクノロジーを知っておくことでできること

　クリティカル・シンキングによるアプローチでは、前提を疑い、批判的に考え続ける思考をベースに、物事を構造的に整理しながら問題解決をしていきます。流れとしては、まず問題を定義します。そのうえで、具体的に何がどうなっているか把握したり、改善の優先度の高い箇所を特定したりした後に、問題を引き起こした理由を突き止め、そのうえで解決策を検討します。

　図2-2からもわかるように、このアプローチの基本は分解です。全体を漠として見ていては問題を効果的に解決できないので、クリティカルに（健全な批判的精神を持ち）前提を疑いながら、さまざまな切り口で問題を分解し、どこが問題の核心なのか、どの解決策が効果的かといったことを見極め、取捨選択していきます。

　たとえば、売上が落ち込んでいるという問題が発生しているとします。顧

図2-2 オーソドックスな問題解決の流れ

```
                                    認知に問題があるのか
                                    例 知られていない        30代・女性を対象に
                                       のだろう             キャリアセミナー
              年代で差があるのか                            (無料)を開催
              例 30代・女性が
                 伸びていない        登録に問題があるのか
                                    例 魅力的な            女性に魅力的に
              地域で差があるのか         インターフェイス       見えるように
なぜ           例 西日本が              でないのだろう        クリエイティブを工夫し、
求職者の           伸びていない                            サイト全体の仕様を変更
登録数が
伸びないのか     業種で差があるのか
              例 サービス業が
                 伸びていない
```

図2-3 より一般化したプロセス

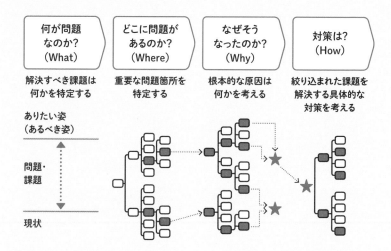

出所：『グロービスMBAクリティカル・シンキング　コミュニケーション編』（グロービス経営大学院著、ダイヤモンド社）

客の年代別で20代が8割落ち込み、それ以外の年代が1割以下の落ち込みの場合は、20代のみに問題を絞り要因を探ります。そして20代の売上落ち込みの要因を解決する5つの策のうち、最も効果の高い1つ2つを選ぶといった考え方です。

　この方法論は、**私たちの思考力には限界があること**や、**経営資源が有限であるという前提に基づいています**。あらゆる可能性を考え、全データを集めて検証し、わずかでも効果があれば策を打つというアプローチは、多くの場合不可能です。それゆえ、問題解決にあたって、最も効果的・効率的ないくつかの箇所や施策のみ取捨選択するのです。

　経営資源や人間の脳の限界をカバーするこのアプローチは、「物事の大部分は一部の要素から構成される」というパレートの法則（80：20の法則、結果の8割は、その構成要素のうちの2割の要素が生み出しているという経験則）とも通じています。

　このオーソドックスな問題解決のアプローチも、テクノロジーの進化で変化が見られ、問題の解決がしやすくなりました。その変化を以下に紹介しま

す。

▶ データ活用が容易になり、状況把握や問題特定がしやすくなる

　メールやソフトウェア文書、顧客向けオンラインサービス、社内の販売管理システム、生産管理システム、人事や経理システムなど、現在、あらゆる事業活動でITが活用されています。すると、コンピュータの処理速度の向上も相まって、さまざまなデータが集まり、集計もしやすくなります。その結果、企業や組織が定めたKPIがリアルタイムで把握できたり、問題解決のための分析に必要な数字が集めやすくなります。

　さらに、ビジネス・インテリジェンス（データ分析）ツールの進化により、データの分析がしやすくなりました。大量のデータを収集・分析し、集計値や表、グラフなどわかりやすい形で可視化することが可能になったのです。「この数字がおかしい」「この数値が伸び悩んでいる」「この数字が目標に対して大きく未達である」ということが誰にでもわかりやすくなるのは、個人にとっても組織にとっても大きなメリットです。

▶ データからの思わぬ発見が可能になる

　クリティカル・シンキングでは、「問題が引き起こされている箇所（どこに問題があるのか？　Where）」や「問題を引き起こした要因（なぜそうなったのか？　Why）」を特定します。その際、人間が「どう分けて整理すると問題が見えてくるか」について複数のパターンを洗い出したのち、問題である可能性の高さ、データのとりやすさなどを勘案し、優先度の高い順に検証していきます。

　しかし現在は、リアルタイムで非常に大量のデータを取得・蓄積し、活用することが可能になりました。人間が分析しにくい、あるいは仮説をもって検証しようと思う優先度の低い領域での新たな発見がしやすくなったのです。

ベーシックスキル：テクノロジーを知っておくことでできること

たとえば、社内で最近の中堅社員のパフォーマンスが低いという問題があるとしましょう。一般的には、「研修不足が問題だろう」「やる気が出ないのだろう」などと仮説を立て、時間をかけヒアリングし、仮説を裏付けるためのデータを入手し、検証します。しかし、データが大量かつ全体把握できる状態で揃っている場合は、そのデータを分析することで問題解決の示唆を得ることができます。

　たとえば、全社員の過去から現在の役職、役割と実績、異動の変遷、歴代の上司と評価、研修履歴と研修の評価などのデータが蓄積され、分析も容易な状態だとします。そうなると、「中堅社員の研修ややる気」のみならず「異動のパターン」「上司との相性」「採用時の適性検査と業務の関係性」などに関するデータによる事実把握も可能です。さらに分析してみたところ、中堅社員のパフォーマンスが出ないのは、「新人の頃に〇〇部門に配属後、△△業務のマネジメントをしている場合」「3年目に□□研修を受けなかった場合」など、人間が仮説出しや検証をしきれない思わぬ発見ができることがあります。

　ただし、新しい発見の可能性があるデータ分析にも、注意すべき点があります。Chapter1でも触れたように、大量のデータから発見するような分析やAIの解析は、原因と結果の関係までは示してくれません。そのため、データやコンピュータを妄信しすぎると、解決策は、「配属先に問題があるならば、その配属パターンを避ける」といったコインの裏返し的な対症療法にとどまりがちとなります。

　しかし私たちが仕事において求められているのは、根本原因を探り対処し、結果を継続的により良いものに変えることです。それゆえ、問題の根本原因を特定し、根源の解決をするということを意識するのであれば、大量のデータ分析による新たな発見も活用しつつ、従来のクリティカル・シンキングによる問題解決プロセスを組み合わせていくことが必要です。

▶ 生成AIを活用し、多様な仮説・解決策案を得る

　問題の可能性や解決策の洗い出しに、Chapter1で紹介した生成AIを用いることで大きな見落としなく多種多様な候補を探ることもできます。

　下記はその例です。容易に考え出せるアイデアだと思う方もいるかもしれませんが、この視点はなかったと感じる方もいると思います。出力されたアイデアを見て、参考にしたり、自分の考えに偏りがないか等を確認したりすることもできます。

　まず、「中堅社員のパフォーマンスが低いという問題に対する一般的な解決策を2行以内で5つ教えてください」という指示を与えてみました。その回答が以下です。

> 1.目標設定：個別の明確な目標と期待値を共有し、達成のためのサポートを行います。
> 2.スキルアップ研修：職務に関連した研修やセミナーを提供し、スキルの向上を促します。
> 3.フィードバックの提供：定期的に業務のフィードバックを行い、向上点や成果を評価します。
> 4.報酬と昇進の機会：良好なパフォーマンスを認め、報酬や昇進の機会を提供します。
> 5.健康と福利厚生：メンタルヘルスのサポートや福利厚生の拡充で、社員の働く環境を整えます。

　これだけでも参考になりますが、さらにユニークなアイデアを得るために、「中堅社員のパフォーマンスが低いという問題に対する斬新な解決策を、2行以内で5つ教えてください」と新たな指示を出してみます。「斬新な解決策」という指示がポイントです（なお、最後の注釈は実際の回答には含まれていません）。

1. 職務ローテーション：短期間で異なる部署や役職を経験させ、新しい視点やスキルを獲得させます。
2. リアル脱出ゲーム：職場の問題をテーマにしたリアル脱出ゲームを開催し、チームワークと創造性を養います。
3. 社内ハッカソン：新しいアイデアやプロジェクトを生み出すための短期集中型のイベントを開催します。
4. アートセラピー：創造性を刺激し、ストレス解消のためのアートワークショップを導入します。
5. 業務日記の公開：社員同士が日常の業務や学びを共有するためのプラットフォームを設けます。

注：ハッカソンはハック（Hack）とマラソン（Marathon）からなる造語

　自分で考えているだけでは気づかなかったアイデアも多かったのではないでしょうか。

　ただ、生成AIには弱点があります。それは、個別事情に対する解を示すわけではないことです。たとえば、商品売上の向上のために販売先を変えるべきと生成AIがアドバイスをしたとしましょう。自分には思いつかなかった斬新なアイデアで、実際に変更先の販売店の方が売上は見込めそうだとします。

　しかし、安易に販売先を変えて大丈夫でしょうか。取引は、担当者同士の人間関係や信頼によって成り立っています。それを拙速に変更することで、小売業界で悪い噂を立てられ、どの販売先からも相手にされない、いつもの店で買えない、顧客からの不満が不買につながる、という事態に見舞われる可能性もあるわけです。

　このように生成AIは、個別具体的な状況、特に人間関係や感情を考慮した判断などはできません。そのため、最終的な結論は人間が判断する必要があるのです。

　その意味では、テクノロジーが進化する時代だからこそ、リアルなビジネ

スにおける人間の感情や信頼、関係性を強く意識する必要があります。個別事情を考慮しながらコンピュータやデータ分析結果が示す解を参考にしつつも疑い、自分自身で考える力が重要です。

> Point
>
> - ☑ 従来型の問題解決アプローチ、特に批判的に物事を捉え、判断する思考は、今後も重要である
> - ☑ 新しいテクノロジーを活用することで、より効果的・効率的に問題解決を行うことができる

Part **1**

ベーシックスキル：テクノロジーを知っておくことでできること

Section2

テクノベート・シンキングによる問題解決アプローチとその進化

理解難易度 中
実践難易度 中

クリティカル・シンキングに基づく問題解決アプローチは有効ではありますが、人間の脳の処理能力や思考時間の限界を考慮したアプローチであるため、特定の問題箇所や施策以外は切り捨てるという限界もありました。

それが今では、従来は切り捨てられていた箇所からも発見を得られるようになりました。であれば、今までは難しくて扱えなかった、あるいは解決できなかった課題も解決できるのではないでしょうか。

この問いに答えるのが、ITの力を借り、考えたり処理したりすることはテクノロジーに任せるという問題解決のアプローチです。グロービスではこれをテクノベート・シンキングと定義しています。テクノベートとは、「はじめに」でも触れたように、テクノロジーとイノベーションを組み合わせた

図2-4 テクノベート・シンキング的アプローチ

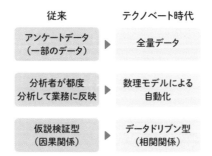

大量データを分析するためには
従来とは全く異なる分析アプローチが必要

分析アプローチの違い

従来	テクノベート時代
アンケートデータ（一部のデータ）	全量データ
分析者が都度分析して業務に反映	数理モデルによる自動化
仮説検証型（因果関係）	データドリブン型（相関関係）

造語であり、我々は広くこの言葉を用い、広める努力をしています。

　例で考えてみましょう。オンラインショッピングであと1割売上高を伸ばしたいとします。この問題に対し、顧客セグメント（属性など）を分け、追加購入をしそうな顧客を絞り、広告やキャンペーンなどを行ったり、メール案内をしたりするなどが従来のアプローチです。

　それに対してテクノベート・シンキングのアプローチでは、まず「1割売上を上げる」ための、ありたい姿を具体的に考えます。たとえば、「全ユーザーに、個別の『お薦め』とクーポンを提案し、15％の人に購入してもらって売上1割増を達成する」などです。

　このありたい姿に対し、人間はコンピュータが処理をするためのロジック（アルゴリズム）を考えます。「どのデータを、どのタイミングでどう計算し、どういう場合に何を表示させるか」を考えるということです。なお、アルゴリズムにはさまざまな意味があるのでその峻別が大切です。それについては本章78ページで後述します。

　そのやり方が正しい処理かどうかは、コンピュータの出した結果や実ユーザーの反応で判断します。適宜指示を変えることもあります。お薦めしたけれど反応がないのでお薦めを表示するロジックを変える、あるいはお薦めやクーポン以外の施策として、同一製品の複数購入での割引に変えるといった具合です。このようなやり方であらゆる顧客に個別にアプローチすることは、人間の力だけでは不可能です。しかし、ITやインターネットを活用したサービスにおいて、AIやビッグデータを活用する場合はそれが可能となるのです。

　上記はあくまで一例です。近年では、あらゆる分野で最新のITを活用することで、今まで難しかったことができるようになりました。これからビジネスリーダーを目指す方であれば、クリティカル・シンキング的な問題解決方法だけではなく、やはりこの分野の素養も持っておきたいものです。

▶ テクノベート・シンキング的問題解決の流れ

テクノベート・シンキングにおける問題解決の流れは図2-5のようになります。

第1ステップ　ありたい姿を描く

「ありたい姿」は、先の例や、二酸化炭素排出量を半減する、あるいは顧客獲得コスト（CAC：Customer Acquisition Cost）を3割下げるなどのように設定します。ありたい姿を設定することはコンピュータにはできませんので、最後は人間が設定するべき重要なプロセスです。従来型のクリティカル・シンキングによるアプローチとの違いは、ITを活用し、コンピュータに処理を任せるという点です。それによって今までは不可能だったありたい姿も設定することができます。

たとえば、「全国約300人の自社営業の提案受注率を上げたい。そのために、個々人の強みや弱みを把握し、必要な研修やコーチングを行い、営業力を上げる」とありたい姿を設定したケースを考えてみましょう。

本社の営業統括部署で全国の営業担当者の実態を把握し、足りない研修や実践手法をアドバイスし、個人ごとにレベルアップを行うのは非常に難しい

図2-5 **テクノベート・シンキングの問題解決プロセス**

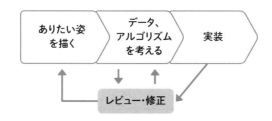

です。一方で、各営業担当者の個人データ、販売管理データや顧客とのやりとりの内容、過去の営業研修履歴などのデータを溜め、コンピュータでデータ解析できれば、各営業担当者の強みや弱み、足りないスキル、お薦め研修や実践手法などが個別にわかります。コーチングや面談が必要そうな営業担当者をコンピュータにより洗い出し、対象者について、データを基に人が個別対応するというプロセスも適宜組み込めます。

　人間がアナログで営業担当者の状態を継続的に把握し、都度声をかけるより、はるかに効率的かつ的確にきめ細かなサポートを行うことが可能となるのです。

　上記以外でも、「営業が議事録を書く時間を削減するには」あるいは「クレーマーの深層心理を把握し、しつこいクレームの対応時間を30%削減させるには」といった問題も、テクノベート・シンキングのアプローチで解決可能です。

　前者であれば、解決までの道筋を「会議の音声や録音データを文書で保存するウェブサービスを作る」、後者であれば「電話の声や発言を解析するAIサービスを導入する」などと定め、コンピュータが処理するプロセスやロジック、実装について考えます。

　テクノベート・シンキング的なアプローチは、問題の大小にかかわらず、日々進化するテクノロジーを活用し、コンピュータの分析や処理・制御で問題解決できる「ありたい姿」に対応することが可能です。テクノロジーの進化により、これまでは簡単には設定できなかったありたい姿の設定が可能になってきているという点は重要です。

　なお、テクノベート・シンキングのアプローチでも、「ありたい姿は妥当か」「この施策でよいか」など、従来のクリティカル・シンキングのアプローチでデータを検証しながら結論を導くこともあります。また、テクノベート・シンキングでは、具体的に考えたり、条件やプロセスを分けたりすることが大事ですが、その際には、クリティカル・シンキングのアプローチで出てきた、分解や前提を疑うという人間ならではの思考も使います。

テクノベート・シンキングとクリティカル・シンキングは、1つの問題に
どちらか一方のみを活用するというものではありません。解決すべき問題や
考える場面による使い分けが必要なのです。

第2ステップ　データ、アルゴリズムを考える

「データ、アルゴリズムを考える」は、たとえば「どのようなデータが必要
か（取得できそうか）、データベースの構造イメージに意識が払える」、そして
「ビジネス側の事情や要件も踏まえ肝となるロジック（アルゴリズム）の実現
を検討できる」ということです。

「提案後の受注率を上げるには?」の例で言えば、各営業担当者の個人デー
タとして、入社年度や営業歴、中途採用の場合は営業経験の有無が重要だな
どと具体的に考え、妥当か否かを吟味します。

肝となるロジック（アルゴリズム）では、強み弱みはどの指標で測り（例：
提案できる製品の数）、どの基準で強み弱みと判断するか（例：主要7製品すべてを
提案できない場合弱みとする）などの定義や、どういう条件に合致したらどの研
修を推奨するか、営業担当者から反応がない場合、何日経ったら何を通知す
るかなどの条件やプロセスを決めます。

ありたい姿に向けて、到達するまでのステップをコンピュータが迷わず間
違わず処理できるように具体的に漏れなく描くことが大切です。

第3ステップ　実装

実装は、既存のソフトウェアの簡易な利用設定から、コンピュータに処理
を指示するプログラミング、そしてプログラミングで出力されたコンピュー
タの指示をモノや人と連携させて1つのサービスとして構築するなど、その
難易度や内容などはさまざまです。これは、設定した問題の大きさによりま
す。ポイントは、単なるシステム開発やプログラミングだけが実装ではな
く、それらも含め最終的なソリューションを作ることが、テクノベート・シ
ンキングにおける実装だということです。

最近ではAI解析を簡単に行える既成ソフトウェアや、プログラミングをせずに簡単なアプリケーションが作れるツールもあります。簡単な問題解決であれば、実装は容易になっています。

　一方で、問題解決に向けて複雑なシステム開発が必要な場合は、時間も工数もかかります。その場合、自社内（個人）で開発をする、外部ベンダーに委託して開発をする、自社で開発をしつつ一部は委託するなどさまざまな手段の中から選択していきます。システム開発は少なからぬ投資を要しますので、どの方法が良いかを検討する際には、一般的には社内のエンジニアなどと相談しながら進めていきます。

column
SaaS

　SaaS（Software as a Service）は、端的に言えばインターネット経由でソフトウェアを利用できるサービスのことです。かつてのITサービスは、CD-ROMやウェブサイトからのダウンロードでソフトウェアを入手後、自分たちのコンピュータへインストールし、各自が設定をしてからの利用が必須でした。SaaSでは、ユーザーはインターネット接続さえできればどこからでもサービスにアクセスできます。

　このインターネット経由で利用できるサービス（クラウドサービスとも呼ばれる）では、ソフトウェアの更新などもサービスプロバイダー側で行われるため、ユーザーは新しい機能やセキュリティのアップデートを自ら行う必要がありません。また、多くのSaaSは、比較的安価なサブスクリプション（サブスク）型の課金制度をとっています。それゆえ、ユーザーは初期投資のコストを抑えつつサービスを利用することができます。便利なSaaSはたくさんありますので、それらを賢く利用するとよいでしょう。

　ここからは、実際にテクノベート・シンキングで問題解決するにあたっての考え方や役立つツールを紹介していきます。具体的には、トランジション・ダイアグラム、アルゴリズム、フローチャート、データベースについて説明します。

トランジション・ダイアグラム

　トランジション・ダイアグラム（Transition Diagram）とは、主体となる人（主にユーザー）やモノ（システム）の状態の遷移を具体化するためのツール・思考方法で、いろいろな場面に応用できるように開発されたグロービスオリジナルの手法です。ありたい姿を具体的に設定したのち、到達するためのステップ（状態の遷移）を具体的に抜け漏れなく描くことで、実現したい状態の全体像を構想する際に使います。1人で構想する際にも有効ですが、複数のメンバーで議論しながら追記修正を繰り返すことで構想を広げたり認識を合わせたりする際にも有効です。特に顧客のUXの設計などで大きな威力を発揮します。

　たとえば、オンラインによるマーケティングを検討するにあたって、「普通の人（潜在顧客）が自社のロイヤル顧客（製品・サービスに信頼を寄せ、継続的に購入する顧客）になる」というありたい姿を設定したとします。普通の人（潜在顧客）はいきなり一足飛びにロイヤル顧客になるわけではなく、途中でさまざまなきっかけを経て状態が移り変わり、やがてそこに到達するものです。そのような状態の遷移を表現したトランジション・ダイアグラムの一例が図2-6です。当然、このように遷移してほしいというように自社都合のみで考えるのではなく、顧客にとって快適な体験価値を強く意識します。このように具体的・網羅的に顧客の状態遷移を可視化することができれば、顧客の状態が前に進むために自社はどのようなマーケティング施策を打つとよいかを具体的かつ効果的に構想することができます。

　トランジション・ダイアグラムを書くステップは以下のようになります。

図2-6 **トランジション・ダイアグラムの例**

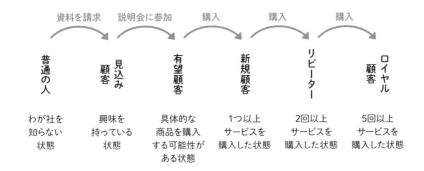

①ありたい姿（誰を／何を最終的にどのような状態にしたいか）を具体的に考える

②主体となる人やモノがなりうる状態を洗い出す

③状態間で遷移する可能性をすべて線で結び、遷移するきっかけになるイベントを具体化する（順調に前に進む場合だけでなく、逆に戻る場合も盛り込む）

④さらに他の状態がないか考えて加え、やりたいことの全体像を描く

　トランジション・ダイアグラムで状態の遷移が描ければ、図2-7に示したように、その状態を実現するためのウェブサービスやアプリケーションの画面をどう遷移させるか、何をどの順番で提供するか、どんなデータをどこで使い、どう処理するかなどが考えやすくなります。また、ユーザーにとって心地よい遷移になっているか、企業が実現したいステップを踏めているかなども判断できます。さらに、トランジション・ダイアグラムとして可視化することで、関係者との議論や、後続のプロセスにおける具体的な処理ロジックの検討もしやすくなります。

　Chapter3で紹介するカスタマージャーニー・マップ（100ページ参照）を描く際にもトランジション・ダイアグラムを描くときの考え方が参考になるでしょう。

図2-7 ユーザーの状態の遷移と画面の遷移

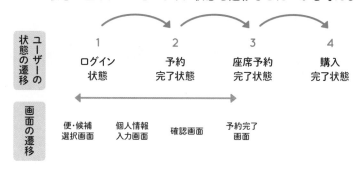

どのような画面を作るかを考える前に、
そのサービスによってユーザーにどのような状態になってほしいか、
その状態に至るまでにどのように状態を遷移させたいかを考える

アルゴリズム

アルゴリズムとは、端的に言えば特定の問題を解決するための手順や規則の集まりを指します。

アルゴリズムの意味合いは大きく2つあります。一般的に用いられているのは、コンピュータが処理を実行するための手順の意味です。アルゴリズムをコンピュータに伝えるのがプログラミング言語であり、プログラミング言語でアルゴリズムをコンピュータに指示します。

もう1つ、アルゴリズムという言葉は、業務フローや処理の手順（ロジック）という意味合いでも使います。テクノベート・シンキングの問題解決プロセスを示した図2-5の第2ステップの「データ、アルゴリズムを考える」のアルゴリズムはこちらの方です。単なるコンピュータの処理手順にとどまらない点がポイントです。

この意味合いでの有名なアルゴリズムは、グーグルの開発したページランクです。ページランクは、200以上とも言われる基準を設けている検索アルゴリズムです。ウェブページの相対的な人気度や重要度を0から10の11段階でランクづけしたもので、数字が大きいほど検索エンジンが高く評価し、優

先的に表示されるのです（かつては各ウェブページのランク数値が表示されていましたが、現在では確認することはできません）。

アルゴリズムを視覚的に示すツールの1つが次に説明するフローチャートです。

フローチャート

フローチャートは、プロセスやシステムの動作を視覚的に示すために図式的に表現したものです。矢印が順序やフローを示し、各ステップや決定点は特定のシンボルで表されます。シンボルの種類には、四角形（処理）、菱形（判断）などがあります。フローチャートの例を図2-8に示しました。フローチャートにより、プログラムのロジックや業務プロセスの流れが明確にな

図2-8 フローチャートの例

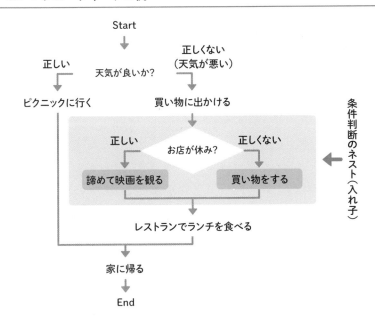

出所：『改訂3版 これからはじめるプログラミング基礎の基礎』（谷尻豊寿監修、谷尻かおり著、技術評論社）をもとに作成

り、皆が理解しやすくなります。

データベース

　データベースとは、データを保存するシステムやプラットフォームのことです。さまざまな環境において、データの蓄積や管理、参照のために使用されます。データベースは、データの特性や用途に応じてさまざまなタイプが存在します。たとえばどのデータをどこに溜めるかを定義したうえで、規則に基づいてデータを格納するリレーショナルデータベースがあります。表形式で整理・管理するため、更新や管理がしやすく、効率的に参照できます。

　それ以外にも最近では、ただデータを大量に蓄積し利用するNoSQLもあります。また、データベースの作成、運用、管理を行うシステムをデータベース管理システム（DBMS）と言います。

　以上のようなツールを用いながら、コンピュータの力を借りてありたい

図2-9 「テクノベート・シンキングができる」とは

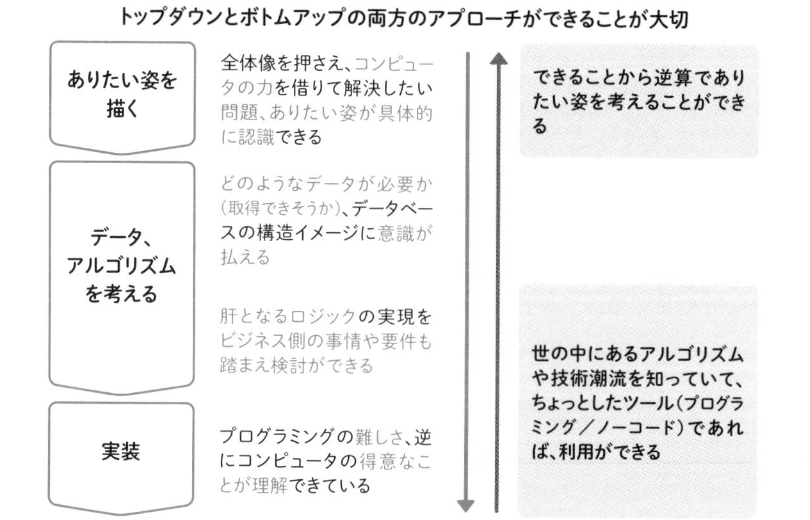

トップダウンとボトムアップの両方のアプローチができることが大切

ありたい姿を描く	全体像を押さえ、コンピュータの力を借りて解決したい問題、ありたい姿が具体的に認識できる	できることから逆算でありたい姿を考えることができる
データ、アルゴリズムを考える	どのようなデータが必要か（取得できそうか）、データベースの構造イメージに意識が払える	
	肝となるロジックの実現をビジネス側の事情や要件も踏まえ検討ができる	世の中にあるアルゴリズムや技術潮流を知っていて、ちょっとしたツール（プログラミング／ノーコード）であれば、利用ができる
実装	プログラミングの難しさ、逆にコンピュータの得意なことが理解できている	

姿に到達するのが、テクノベート・シンキングの問題解決アプローチです。AIやビッグデータを活用した問題解決の比重が増す昨今、これをマスターできれば、出せる価値が大きく変わってきます。

▶ テクノベート・シンキング力を向上させるには

最近では、子どもたちの教育に、プログラミング授業や情報という科目があり、ITを活用した問題解決力が培われることが期待されています。一方で多くのビジネスパーソンはそうした教育を受けておらず、また、職種や業界によっては実際にテクノベート・シンキングの問題解決アプローチを実践する機会があまりないというケースもあるでしょう。

ではビジネスパーソンは、どのようにしてテクノベート・シンキング力を高めればよいのでしょうか。テクノベート・シンキング力を向上させる方法をいくつか挙げてみます。

1つ目は、**インターネットサービス、AIやビッグデータのニュースにアンテナを張り、知ること**です。特に、自社業界のITサービス、業務関連の便利なソフトウェアなどのニュースが目についたら、どんなものか調べましょう。新しいテクノロジーで、何が可能になるのか、便利になるのかなどを知ることは重要です。

2つ目は、**ソフトウェアサービスに実際に触れてみること**です。SaaSなどすでに出来上がった業務サービスではなく、プログラミングせずに簡単なアプリケーションが作れるツールや、AIを体験できるChatGPTはもとより、画像認識、文書解析など、自分の目的に応じ、簡単に作成やカスタマイズできるツールがお薦めです。

多くのツールは、一部の機能が無償で試用できます。どんなものか知る目的でもかまいません。使うことで、自分の身の回りの不便を解決できるヒントを得られることがあります。

また、実際にサービスを使ってみると、コンピュータは融通が利かないこ

と、人間が具体的に定義し、漏れなくデータを与え、正確に指示しないと欲しい結果を得られないことがわかります。さらに、こうして具体的に触って実行してみる中で、ありたい姿を実現するためのテクノベート・シンキング的なプロセスや実装のロジックを考える力を養うことができます。

3つ目に、可能であれば、何かしらのITプロジェクト（例：ホームページ改訂プロジェクトやSFA［Sales Force Automation：営業支援ツール］導入プロジェクト）で参加者を募っているとき、参加して経験を積むことも有効です。ITサービスを全社導入するなど、顧客向けのアプリサービスを構築する等の場合、異なる役割の業務担当者、システム担当者など、立場の違う人たちがコミュニケーションをしながら作り上げることが一般的です。必ずしも自分でありたい姿から実装までを行うのではなく、時には意見するのみ、あるいは第三者が作ったトランジション・ダイアグラムやフローチャートをレビューするなどかかわり方はさまざまです。そうした経験の中で、立場の違う人とのコミュニケーションの仕方、異なる要望を見聞きしながら、どのように1つのシステムや成果物にまとめ上げるかといった経験を積むことができます。

今まで見てきたように、テクノロジーの進化に伴い解決できる問題の次元はどんどん上がっていきます。テクノロジーの潮流に敏感になって情報収集をし、そのテクノロジーを活用することによって、ありたい姿の設定や、到達に向けてのプロセスや処理、必要データを具体的に考えることができる人は、大きく活躍の場を広げることができるでしょう。

Point

- ☑ テクノベート・シンキングを身につけ、デジタル・テクノロジーの力を借りることで、より高い次元の問題解決が可能になる
- ☑ 一般のビジネスパーソンも、プロセス全体と主要な技術・ツールの潮流理解は必須。特に「ありたい姿」を描くことこそ人間に求められる仕事

IT人材と協業する

企業のIT活用が競争力に直結する時代においては、営業や開発、企画といった一般の業務を担当しているビジネスパーソンであっても、社内外のIT人材、社内のエンジニアや外部のSIer（システムインテグレーター）と協業する機会が増えてきます。また、コードを書くことをメインの仕事とするエンジニア以外にも、彼らとビジネスサイドの人材とのすり合わせを行うエンジニアや、デザイナーのような専門職の人々との協業も必要です。

　本章では、特にシステム開発を意識しながら、ビジネスサイドの人材とITサイドの人材との協業のあり方について解説します。一般にシステム開発は図3-1のように進みます。特に重要なキーワードである要求定義については本章97ページで後述します。

図3-1 システム開発の流れ

| 要求定義 | 要件定義 | 基本設計 | 詳細設計 | 実装 |

注：レビュー、修正のループは割愛

過去のシステム開発で
ありがちだったこと

　過去においては、システム開発を、要件定義（システムの機能や性能、制約条件などの仕様を明確にするプロセス。ビジネスサイドのニーズ、要求を具体的にまとめたうえで、システムの動作やデータ構造などを定義すること。図3-1の左から2つ目のプロセス）も曖昧なまま、アバウトなイメージをベースに、社外のSIer（場合によっては社内のエンジニア）に丸投げすることが少なからずありました。社内にITに詳しい人材が少なかったからです。それは多くの場合、以下のような非常に好ましくない結果をもたらしました。

　まずはコストが大きく膨らむという事態が生じました。通常、要件定義が曖昧だと、途中での変更や修正が頻発します。それが、開発コストの増加や納期の延長につながるのです。SIer側にはいわゆる「デスマーチ」と呼ばれる、納期に間に合わせるための無理な長時間残業や徹夜、休日出勤といった事態も生じました。非常に残念なことに過労死された方もいます。

　また、発注側の期待に沿ったシステムができないという事態も頻発しました。これは機能のみならず、品質の面でも深刻な状況をもたらします。

　『顧客が本当に必要だったもの』というITエンジニアによく知られた風刺画があります。これは、顧客（発注者）が本当に必要としていたものと、顧客が欲しいと説明したもの、そしてSIer側が理解したものなどのギャップを風刺画として表したものです。

　図3-2でまず見ていただきたいのは②の画です。顧客は3人の子どもが遊べるように、3つの板がついているブランコの説明をしました。しかも⑥に示したように、それを詳細に示した書類はありません（もちろん書類が全くないわけではないですが、非常にプアなものでした）。

図3-2 顧客が本当に必要だったもの

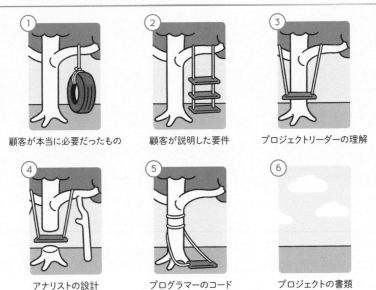

1 顧客が本当に必要だったもの

2 顧客が説明した要件

3 プロジェクトリーダーの理解

4 アナリストの設計

5 プログラマーのコード

6 プロジェクトの書類

　さて、SIer側は、顧客の説明を③のように解釈してしまいます。この段階で、顧客が説明したもの、そしてSIerが理解したものが食い違ってしまっています。さらに、詳細な書類もなく、相互のコミュニケーションも少ないままプロジェクトが進むと、④、⑤と、どんどんSIer側の中でも伝言ゲームのような事態が起こり、出来上がるものが的外れなものになっていくのです。現場でプログラミングを行うエンジニアからすると、前工程から降りてきた要件通りにプログラムを作ったのに、動かない、顧客から評価されない、という事態になってしまうわけです。

　しかし実際には、落ちていたタイヤをぶら下げただけの①をたった5分で作り上げ、3人の子どもたちはとても楽しく遊べるようになりました。システム開発の世界では、「顧客が説明したものをそのまま作ってはいけない」と言われることがあります。このように顧客自らも正しくは理解していないソリューションをIT人材と一緒に作っていくことが求められるケースも多いのです。

Chapter2で紹介したテクノベート・シンキングができればこうした落とし穴に嵌まるリスクは減りますが、それでもシステムが複雑になると、最適なソリューションを構想するのは難しくなります。

▶ システム開発担当者が困る納期問題

システム開発を行う人間にとっての困りごとに、タイトな納期があります。多くのビジネスパーソンは、この納期について理解が浅いので、ここで簡単に触れましょう。

システム開発の世界には、不確実性コーンという言葉があります。これは、プロジェクトの初期ほど、要する時間が見積もりにくいという事象を表したものです。コーンの形に似ていることから名づけられました。

図3-3に示したように、プロダクトスケジュールの初期の段階では期間が予想の4倍になることもあれば、逆に4分の1で済むこともあります。これは

図3-3 **不確実性コーン**

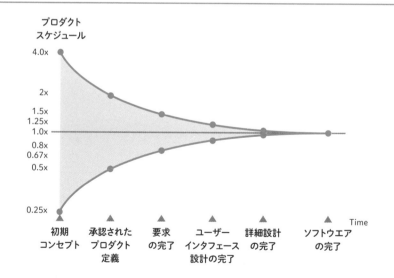

出所：「プロジェクトマネジャーのための『プロセス設計術』 プロジェクトの本質とはなにか」日経クロステック

不確実性を反映した本質的な性向であり、容易には避けがたいのですが、多くのビジネスパーソンはそれを理解していません。それゆえ、ちょっとした頼みごとの感覚で「納期はいつまで」という要望を安易に出してしまうのです。もし遅れが生じると、発注側は焦ります。そこでゴリ押しした結果発生するのがデスマーチというわけです。

　6カ月くらいの期間が見込まれるシステム開発は、2年かかることもあれば、1カ月半で終わることもある、あるいは1年くらいの期間が見込まれる難しいシステム開発は、4年かかることもあれば、3カ月で終わることもあるというセンスはビジネスパーソンとして持っておきたいものです。

Point

☑従来型のシステム開発は、しばしば大きなトラブルを招いてきた
☑顧客が本当に必要だったものをシステム開発側が提供するには、
　数多くのハードルがある

チームで動く時代に

　上記のような問題が多発したこともあってそれを避けようという機運が高まったこと、また協業のためのコミュニケーションツールやクラウドが発達したなどの影響もあって、昨今では社内のITチームとの協業の際はもちろん、外部のSIerにシステム開発を依頼する場合でも、共同チームとして動くことが増えています。

　これにより、顧客サイドが欲しいものが出来上がる可能性が高まるとともに、時間短縮にもつながります。通常、発注して納品するというスタイルは、時間を要するものです。その間に、経営環境の変化などが起こる可能性はますます高まっています。それゆえ、チームとして密に連携し、アジャイル開発（93ページで後述）でどんどんプロジェクトを進めていく方がリスクも小さくて好ましいのです。

　可能であれば、チームのコミュニケーションは毎日行うとよいでしょう。今までは週次のミーティングのみということもありましたが、それでは「ズレ」が生じたり、そのリカバリーに時間がかかったりしてしまいます。オンラインでもいいので毎日顔を合わせて話をしたり、slackのような格式張らないコミュニケーションツールを用いたりしてコミュニケーション量を増やすことが効果的です。

　なお、外部人材と業務委託契約を締結する場合は、請負業者（受託者）を発注者（委託者）の指揮命令下に置き、直接指揮をとったり指示命令などをしたりすることはできないなど、法制度を正しく理解しておくことも重要です。

　図3-4に、システム開発プロジェクトにおける、主役、サポート・情報提供役を示しました。これらの人々が適切に協業できれば、システム開発が非

図3-4 役割分担

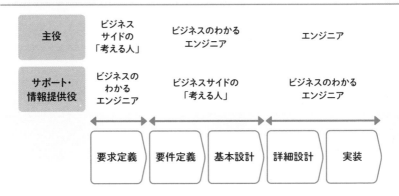

注：レビュー、修正のループは割愛

常にスムーズに進みます。

　ちなみに、優秀なビジネスのわかるエンジニアであれば、「これってエンドユーザーは誰ですか?」「お金の発生源はどこですか。お金周りはどういう業務フローになりますか?」「業界構造はどうなっていますか?」というところまで聞いたうえで図3-4のプロセスを時にはサポート・情報提供役、時には主役となって進めてくれます。

　たとえばある業界向けのシステムを作るのであれば、柔軟性が求められる部分や堅牢性の高さが求められる部分を的確に理解し、カスタマイズが多い部分とそうでない部分を切り分けたアーキテクチャやデータの設計などを提案してくれます（一般論として、お金の発生源［ステークホルダーの構造］を理解しておくと、どの部分に追加の要求がよく発生するかが理解しやすくなります）。

　そうしたエンジニアは必ずしも多いわけではありませんが存在はします。そうした人材を見分ける1つのポイントは、実績、そしてそこから生じる評判です。「あの人は優秀だった」という口コミの収集は、個人では限界がありますので、会社として敏感になっておきたいものです。間違ったベンダーの選定をしてしまうと、あとからボタンを1つ追加するだけで数十万の見積もりをとられる、といったことも発生するのです。

▶ デザイナーの役割

特にパソコンやスマートフォン上のサービスを考える場合、優れたUIやUXをエンドユーザーに提供するうえで、デザイナーが果たす役割も大きいものです。それゆえ、デザイナーも比較的早期からチームに巻き込むことが増えています。

デザイナーは、エンジニアには解決できない課題を早期に解決してくれることが多々あります。たとえば、ラフなデザイン案を紙（これをペーパープロトタイピングと言います）やデザインツールで作り、それを（想定）ユーザーに見せて、「ここを押すとこの画面に遷移します。これについてどう思いますか?」「A案とB案だとどちらが使い勝手がいいですか?」などと質問することで、より良いUIデザインのイメージを作り込んでいくのです。

なお、これはデザイナーに限らないことですが、最善のソリューションは自分が決めるものではなく、顧客に試してみて検証するという意識は非常に大切です。そのためにも、適切かつ繰り返しのテストをスピーディに行うことが求められます。

外部のデザイナーと協業する場合には、先述したSIer同様、その評判も確認しておくとよいでしょう。最適な体験をエンドユーザーに提供するうえで、あるいは他社の模倣ではないUIやUXを提供するうえで、デザイナーの重要度はますます上がっています。

▶ プロダクトマネジャーの役割

昨今注目されている役割にプロダクトマネジャーがあります。ITを活用して顧客に価値を提供するプロダクトの開発を成功させるうえで中心的役割を果たす仕事です。

プロダクトは社外向けのものを指す場合もあれば、広義には、社内向けの成果物を指す場合もあります。大型のプロジェクトではある程度の経験が必要となりますが、比較的小さなプロダクトの案件であれば、20代後半から

30代前半くらいのビジネスパーソンがプロダクトマネジャーの役割を任されることも少なくありません。以下は社外向けのプロダクトを前提に説明します。

　そもそもプロダクトを成功させるには、ビジョンを明確にし、ユーザーが価値を感じるプロダクトとすることと、事業収益を得ることの両方を満たすことが重要です。しかし、ユーザー価値と事業収益はトレードオフの関係になることもあります。たとえば、事業収益の観点では、多数の広告を配信することで一時的な収益を上げることが好ましくても、ユーザーがそのプロダクトを使ううえで不要な情報であったとすれば、ユーザーは価値を感じてくれないでしょう。

　それゆえ、プロダクトマネジャーには、プロダクトが目指すビジョン、ユーザー価値、事業収益の3つの要素のバランスを意識しながら、プロダクトを成功に導くことが求められます。

　プロダクトマネジャーの仕事には大きく2種類のものがあります。1つ目は中長期的戦略立案・ビジョン構築からシステムの開発計画・ビジネスプラン策定に至るまでのプロセスに関与してプロダクトを成長させることです。2つ目は、社内外のステークホルダーをまとめチームを牽引していくことです。

　当然これをプロダクトマネジャー1人ですべて担うことはできません。チームメンバーに適切に権限を委譲し、チーム運営の基盤を整えることが重要です。

　上記に示したプロダクトマネジャーの役割や仕事を踏まえたうえで、彼らに必要な知識やスキルの領域とされるのが、「ビジネス」「UX」「テクノロジー」の3つです。
　ビジネスは携わる事業領域に関する知見や収益を上げ続けるために必要な経営に関する知識のことです。UXは顧客が本当に求めているものを発見し、具現化していくための知識やスキル、テクノロジーは顧客価値を実現させる

ための知識やスキルです。

これらを最初からすべて具備している人材はきわめて稀です。実際には当該ビジネス領域に詳しい人材がUXやテクノロジー領域の知見を身につける、あるいはUXデザイナーがビジネスやテクノロジー領域の知見を身につける、またあるいはエンジニアがビジネスやUX領域の知見を身につけるというように、もともと1つの領域の専門家が実際のプロジェクトワークやトレーニングなどを通じて他の領域の知識やスキルを身につけることで優秀なプロダクトマネジャーになっていくケースがほとんどです。

一般のビジネスパーソンであっても、まずはビジネスの素養を身につけ、さらにUXとテクノロジーのスキルや知識を身につけることで一人前のプロダクトマネジャーとなれれば、組織の中でも重宝されますし、転職力も一気に上がるでしょう。

▶ アジャイル開発とウォーターフォール開発

昨今のIT関連のプロジェクトマネジメントを理解するうえで重要なのがアジャイル開発です（図3-5）。これはそれまでオーソドックスだったウォーターフォール開発とは全く別物の手法です。

ウォーターフォール開発は、プロジェクト開始時に完了までにどのような機能をどのようなプロセスで作るかの計画を立て、その計画通りに進行することを正として進めていきます。滝の水のように、前の工程には戻らないスタイルからこの名前がついています。

この手法のメリットは最初に決めた要件が変わらないという前提でスケジュール管理や工数見積もり、分業をしやすいことです。銀行の決済システムなど、仕様が厳しく決まっていて、社内外の他システムと複雑に連携していく必要がある場合など、計画的に着実に進めていくことが重要な案件の開発に適しています。

しかし昨今では、このように厳密に要件を最初に決められるケースは必ずしも多くはありません。経営環境がどんどん変わることがその最大の要因です。また、テクノロジーや使えるツールもどんどん進化しますから、開発の

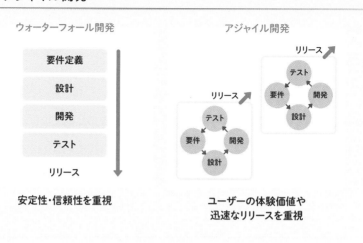

図3-5 **アジャイル開発**

ウォーターフォール開発

- 要件定義
- 設計
- 開発
- テスト

リリース

安定性・信頼性を重視

アジャイル開発

リリース

テスト　要件　開発　設計

リリース

テスト　要件　開発　設計

**ユーザーの体験価値や
迅速なリリースを重視**

選択肢も増えていきます。どの選択肢が最適なのかは、やってみるまでわからないという状況になってきているのです。

　こうしたウォーターフォール開発の欠点を補い、変化にも柔軟に対応できるよう提唱されたのがアジャイル開発です。アジャイル開発では初期に厳密な要件は定義せず、小さな単位で実装とテストを繰り返して開発を進め、最終的にリリースに至ります。アジャイル開発における小さな単位のことをイテレーション（繰り返し）と呼びます。

　アジャイル開発は、小さな単位に切り刻んでリリースし、想定ユーザーの反応を見ながら調整できるため、変化に対応しやすいというメリットがあります。追加機能なども段階的に追加しやすいですし、途中で何かトラブルがあってもプロジェクトの最初まで戻る必要はなく、小単位レベルで問題解決ができる点も優れています。それゆえ多くのIT企業、特にアプリ開発企業などで採用されており、独自の発展形なども生まれています。

　アジャイル開発は優れた方法ではありますが弱点もあります。最もよく指摘されるのは、プロダクトの細部に意識が行きすぎることで、全体感を見失

い、部分最適に走ってしまうことです。特に大規模プロジェクトにおいては、この点に注意が必要です。そもそも何のためのシステム開発やプロダクトなのかを強く意識し、バックログの精査や改善を常に行う必要があります。プロジェクトマネジメントの難易度は高いと言えるでしょう。

また、発注側の顧客からすると、アジャイル開発なら早く終わるのではと考えがちですが、必ずそうなるわけではないという理解が必要です。アジャイル開発であっても不確実性を完全に避けることはできません。

その場合、「納期を優先するか、実装する機能を優先するか（どの機能を削るか）」のトレードオフを迫られることも少なくありません。そうした理解をしたうえで、チームとして最大のパフォーマンスを目指すという意識を持つことが求められます。

▶ デュアルトラックアジャイル開発

最近聞かれるようになったデュアルトラックアジャイル開発についても簡単に触れましょう。デュアルトラックアジャイル開発では、開発活動と発見活動の2つのトラックを並行して行います。

発見活動のトラックでは、新しいアイデアや機能に関する検証や実験、ユーザー調査、プロトタイピングなどを行います。それによってユーザーのニーズを深く理解し、彼らにとって価値のある機能や改善点を明確にしていくのです。一方、開発活動のトラックでは上記のアジャイル開発の手法を用い、発見活動のトラックで追加が必要とされた要件や機能を実際に開発し、リリースしていきます。

この手法の最大の利点は、開発チームだけでは判断しきれないアイデアに関して、時間や金銭を浪費することなく、ユーザーのニーズに応じた機能を提供できることです。

一方で、2つのトラックを同時に回すにはそのためのマネジメントスキルや人員の手当なども必要になります。比較的シンプルなプロジェクトであれば、わざわざデュアルトラックアジャイル開発を用いる必要がないというこ

とも多いので、「本当に必要なのか」という問いかけが大切です。

> Point
>
> - ☑ 昨今のシステム開発は、同じ目標を目指すチームで行われるようになってきた
> - ☑ ビジネスサイドの人材、エンジニア、デザイナーなどがそれぞれの専門以外の領域も一定レベル以上理解し、チームワーク良く仕事を進めることが重要
> - ☑ アジャイル開発はプロジェクトの性格を見極めたうえで用いると威力を発揮しやすい

実践難易度　中
理解難易度　易〜中

要件定義と要求定義

　ここまでは、ビジネスサイドの「考える人」とビジネスのわかるエンジニアが話し合うことで要件定義をしっかり行うことを前提に話をしてきました。要件定義は、「データ、アルゴリズムを考える」という営みを含みます。なお、ここで言うアルゴリズムは、78ページで説明した定義のうち前者の「コンピュータが処理を実行するための手順」の意味合いが強いです。それゆえ、ある程度のコンピュータ・サイエンスやプログラミングの知識が必要です。しかし一般的には、ビジネスサイドにそうしたスキルを高い次元で持っている人間がいることは少ないです。それゆえ、Chapter2で示したテクノベート・シンカーを目指すことで頭一つ抜けた状況を作れるとも言えます。

　そうしたスキルを持つ人材がいない場合、エンジニア側からは、要件定義以前の要求定義をしっかりしてほしいという要望が出されることがあります。要求定義までは顧客（発注側）の仕事、要件定義からがエンジニアの仕事などと説明している書籍やサイトもあります。

　要求定義とは、顧客がシステムに求める機能や目的を具体化することです。たとえば図3-2に戻ると、「顧客が本当に必要だったもの」は、「最大で小学生3人が、自然の中で、よじ登ったり、ブランコを漕いだりするように

図3-1 （再掲）システム開発の流れ

| 要求定義 | 要件定義 | 基本設計 | 詳細設計 | 実装 |

注：レビュー、修正のループは割愛

遊べる体験を提供できるもの」だったのかもしれません。そしてそれを最も効果的に実現できるソリューションが、木にぶら下げたタイヤだったのです。

　しかし、説明段階でなぜかそれが3段の板状の遊具になってしまい、さらにSIer側はまた別の要求と錯覚してしまいました。発注側が具体的な方法論（How）を要求してきたとき、それが最善のものではないということは非常によく起こりがちです。

　むしろ、顧客が、彼らにとっての顧客（エンドユーザー）に何を提供したいのか、あるいは課金をどのように考えているのかをしっかり伝え、双方が議論してすり合わせる方が、最終的に出来上がるシステムは良いものになることが多いのです。

　エンジニアではないビジネスサイドの人材が本質的なニーズに遡って要求定義を完全に文書化、図示化するのは難しい作業ですが、いくつかの役に立つツールはあります。Chapter2ではそのツールとしてトランジション・ダイアグラムなどを紹介しましたが、ここではそれ以外にエンジニアが「これを明確にしてくれると嬉しい」という要素として、ペルソナと、トランジション・ダイアグラムの延長線上にあるとも言えるカスタマージャーニー・マップを紹介します。

　これらがあればすべてうまくいくというわけではありませんが、ビジネスサイドの人間がこれをしっかり考えて示してくれるだけで、コミュニケーションの齟齬も減りますし、後工程のエンジニアはかなり仕事を進めやすくなるのです。

　あるいはこのようなことを共有しておくことで、逆にエンジニアサイドから「エンドユーザーにとって嬉しいのはこんなことではないですか?」という提案もできるようになります。それにより、図3-1に示した、要求定義（本当に欲しいもの）→要件定義→……→実装（実際に出来上がるもの）の一貫性がより高いレベルで担保されるのです。

　ペルソナはエンドユーザーをイメージした架空の人物像です。Chapter1の48ページで登場した簡易版のものとは異なり、マーケティングや新事業開発などの実務ではかなり詳細に作り込みます。たとえば以下のような感じです。

　名前：鈴木光男
　性別：男性
　年齢：35歳
　年収：900万円
　居住地：東京都荒川区南千住
　学歴：東京大学薬学部卒
　職業：製薬会社の課長補佐
　趣味：DAZNなど動画サイトでのスポーツ観戦（特にアメフトとバスケ）、
　グルメ
　家族：配偶者と幼稚園に通う女の子が1人
　写真：（必要に応じてイメージを作ることもある）
　ニーズ：ITと、バイオテクノロジーや医療の接点に関する良質の情報を欲している。それをビジネスに転用することで生産性を向上させたい。英語はビジネスレベルだが、日本語で情報を読めると嬉しい

　ペルソナは、実在の人物のようなものでなければなりません。それによって、その人の潜在ニーズや実際にとるであろう行動をよりビビッドにイメージできるからです。たとえば、「鈴木さんはこんな感じのインターフェイスを好むと思います」「鈴木さんにはこのレベルの情報は不要でしょう」といった議論がしやすくなるのです。

　ペルソナは状況にもよりますが、3つから5つくらいのものを用意するケースが多いです。

▶ カスタマージャーニー・マップ

　カスタマージャーニーとは、顧客、ユーザーの日々の行動や五感に触れる物事を、時系列に沿ってできるだけ具体的に想像し把握するという考え方です。顧客、ユーザーとのタッチポイントを洗い出し、どんな場面でどんな体

図3-6 カスタマージャーニー・マップ

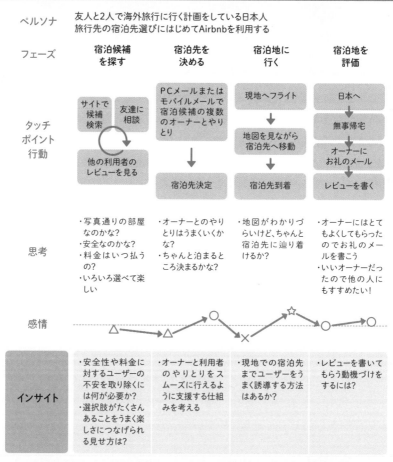

ペルソナ	友人と2人で海外旅行に行く計画をしている日本人 旅行先の宿泊先選びにはじめてAirbnbを利用する			
フェーズ	宿泊候補 を探す	宿泊先を 決める	宿泊地に 行く	宿泊地を 評価
タッチ ポイント 行動	サイトで候補検索　友達に相談 他の利用者のレビューを見る	PCメールまたはモバイルメールで宿泊候補の複数のオーナーとやりとり 宿泊先決定	現地へフライト 地図を見ながら宿泊先へ移動 宿泊先到着	日本へ 無事帰宅 オーナーにお礼のメール レビューを書く
思考	・写真通りの部屋なのかな? ・安全なのかな? ・料金はいつ払うの? ・いろいろ選べて楽しい	・オーナーとのやりとりはうまくいくかな? ・ちゃんと泊まるところ決まるかな?	・地図がわかりづらいけど、ちゃんと宿泊先に辿り着けるか?	・オーナーにはとてもよくしてもらったのでお礼のメールを書こう ・いいオーナーだったので他の人にもすすめたい!
感情				
インサイト	・安全性や料金に対するユーザーの不安を取り除くには何が必要か? ・選択肢がたくさんあることをうまく楽しさにつなげられる見せ方は?	・オーナーと利用者のやりとりをスムーズに行えるように支援する仕組みを考える	・現地での宿泊先までユーザーをうまく誘導する方法はあるか?	・レビューを書いてもらう動機づけをするには?

出所：Web担当者Forum「カスタマージャーニーマップを正しく活用するには『おもてなし』と『カスタマーエクスペリエンス』の理解から(顧客の行動パターンを理解するためのカスタマージャーニーマップ入門)」をもとに作成

験価値を顧客に感じてもらえそうかを可視化します。それを図式化したのがカスタマージャーニー・マップです。これによって、顧客、ユーザーの動きをより具体的にイメージできます。

特にパソコンやスマートフォン上でのUIを検討する際などには効果的です。

カスタマージャーニー・マップの作成・運用にあたっては、典型的には以下のステップを踏みます。

1. 自社あるいはプロダクトのブランド戦略と調査に基づき、ペルソナを策定する
2. ペルソナを利用してカスタマージャーニー・マップを描く
3. 「真実の瞬間」を洗い出す
4. アクションを実行する「真実の瞬間」を決定し、具体的なアクションプランとKPIを計画する
5. カスタマージャーニー・マップの必要な見直しを行う

なお、ここでの「真実の瞬間」とは、顧客が満足／不満足を感じるごく短い時間のことを指します。たとえばスマートフォンアプリの操作がわかりにくく、時間を無駄に浪費したとしたら、顧客の満足度は大きく下がってしまうでしょう。

▶ その他のコツ

ここまでいくつかのツールについて述べてきましたが、それ以外に要求定義を行うための基本的なコツについても触れましょう。

まずは、極力具体的かつ明確・明瞭な情報を提供することです。表現を変えると、抽象的な伝え方や曖昧な表現は避けるということです。手間暇はかかりますが、これによって手戻りは減りますし、最終アウトプットの質も上がります。結局は言語化能力がここでも問われるのです。

ビジュアル資料の活用もコミュニケーションの効果を高めます。Chapter2で触れたトランジション・ダイアグラムやフローチャートなどはやはり有効です。特に要求定義が複雑になるほど、言葉だけではなく、ビジュアル資料を使うことが有効となります。幸い、昨今はネットで検索すれば、参考になるチャートなどを発見することも容易です。また、生成AIをうまく用いれば、自分のイメージ通りの画像や動画を作成することもできます。

　なお、これらのスキルはITシステムのプロジェクトのみで活きるものではありません。Chapter2で解説した問題解決の場面をはじめ、プレゼンテーションや部下の指導など、あらゆる場面で役に立つスキルであることを再確認してください。

Point

- ☑顧客に本当に提供したい価値を正しく伝えるには、ビジネスサイドの人材がエンジニアと相談したうえで要求定義をしっかりと行うことが非常に大切
- ☑基本的なツールを使いこなすとともに、言語化能力、図式化能力を鍛えることで、IT人材との協業がスムーズに進む

DXに取り残されない

DX（デジタルトランスフォーメーション）という言葉が新聞や経済誌に躍るように
なったのはここ10年以内でしょう。さまざまな場面でDXという言葉が使わ
れ、バズワード化しています。また、提唱する人たちや場面によってDXの意
味合いが異なっているのが現状です。本章では、まずはDXの定義や狙いを明
確化したうえで、それに取り残されないために必要な心構えや行動を解説し
ます。

そもそもDXとは

実践難易度 一
理解難易度 中

Part 1

ベーシックスキル：テクノロジーを知っておくことでできること

　DXという言葉の歴史は比較的古く、2004年にスウェーデンのウメオ大学教授であるエリック・ストルターマンが提唱した「デジタル技術がもたらす、あるいは影響を与える、人々のあらゆる生活における変化」(the changes that digital technology caused or influences in all aspects of human life) に遡ります。

　その典型例はスマートフォンでしょう。単なる携帯電話の機能進化ではなく、小型コンピュータに通話機能がついた体裁です。そして、チャット、ゲーム、ショッピングから決済サービスに至るまで、スマートフォンに自分の好みのアプリケーションをインストールすることで、自分だけのサービスを利用できます。

　2007年にはじめてアップルが発売したiPhoneや、その後続々と登場したAndroidスマートフォンは人々の生活を劇的に変えました。いまやスマートフォンなしの生活は考えられません。

　例として、電車の中の風景を思い起こしてみましょう。スマートフォンの登場前は、本を読む人は書籍、音楽を聴く人は音楽プレーヤーなど必要なものを持参し、車内で使っていました。しかし昨今では、おそらく電車に乗っている多くの人々は、スマートフォンの中にある読み物や音楽を楽しんでいます。

　また、スマートフォンで使われることの多いフェイスブックやX（旧ツイッター）、LINEなどのSNSやメッセージアプリは、双方向の情報発信や、広範囲の人々とのコミュニケーションなど、情報発信やコミュニケーションのあり方、他人とのつながり方を激変させました。このように、デジタル技術の浸透によって人々の生活は変化し、多くの面でより便利になったのです。

▶ DXの定義

　さて、ストルターマン以降、DXの定義はさまざまに変化・進化してきました。学者や団体によって異なりますが、ここでは2018年に経済産業省が定義した「企業がビジネス環境の激しい変化に対応し、データとデジタル技術を活用して、顧客や社会のニーズを基に、製品やサービス、ビジネスモデルを変革するとともに、業務そのものや、組織、プロセス、企業文化・風土を変革し、競争上の優位性を確立すること」をベースにしましょう。

　つまり、単にアナログなものをデジタル化するだけではなく、企業がサバイブするために、ビジネスのあり方や業務プロセス、さらには従業員の意識や行動の変容を促すこともDXに含まれるのです。

▶ DXの狙い

　企業のDXを考えた場合、その目的は大きく3つあります。後ろに行くほど難易度は上がります。

　1つ目は、最もオーソドックスなもので、デジタル技術を用いて社内の効率性、生産性を向上させるというものです。たとえば昔は経費精算のために、申請書に加え実物の領収書をまとめて添付し提出することが必要でした。しかし昨今では会計ソフトを用いて領収書はデジタルカメラやスキャナーで読み取って申請し、実際の紙の提出は不要というケースが増えています。それによって利便性が上がり、時間のセーブもできるようになりました。

　業務プロセスの改善などもDXが得意としているところです。たとえばあるメーカーは、IoT（モノのインターネット）デバイスを工場の機械や装置に取り付け、リアルタイムでデータを収集し分析するシステムを導入しました。その結果、機械の故障の早期発見や、故障前の予防的修理、製造ラインの効率化、品質の向上などの効果を実現したのです。それまでももちろんある程度はITを用いてはいましたが、人間による目視や経験に頼る部分も大でし

た。特に機械の故障発見や故障前の予防的修理などはそうです。それがIoT
によってもたらされるビッグデータ解析により、きわめて科学的・効率的に
行えるようになったのです。

　なお、業務の一部をデジタル化するなど、提供する価値やビジネスモデル
の変化を伴わない効率化は、DXと言いきれないと主張する人もいます。一
方、ビジネスモデルには本来、提供価値、利益方程式などに加え、用いる経
営資源や業務プロセスも含まれます。そのため、デジタル化で、何かしら
人々の意識や行動、プロセスが変わるならば、広義にDXと呼ぶこともあり
ます。本書はその観点に立っています。

　ただし、DXを単なるアナログのデジタル化、あるいはデジタル技術を用
いた業務改善と矮小化すると、後述するDXのさらなる高い価値から目を逸
らしてしまうリスクもあるという点には注意が必要でしょう。目的その1は、
より本質的なDXの入り口に過ぎないのです。

　DXの2つ目の目的は、顧客に対して新しい提供価値を生み出し、必要に
応じてビジネスモデルを抜本的に変えていくというものです。たとえば小売
業で多く採用されているオムニチャネルは、オンラインとリアル店舗の強み
を融合することで顧客に利便性を提供しています。

　あるいは家具やインテリア小売業者などは、AR技術を活用して、顧客が
自宅のスペースに仮想的に商品を配置して確認できるアプリを提供していま
す。また、一部のアパレル店では、VRを使って仮想的に試着の体験ができ
るサービスを行っています。これらは、顧客によりフィットする製品を提供
することに加え、必要なリソースを大きく変えるに至っています。まさにデ
ジタル時代のビジネスモデルと言えるでしょう。

　我々グロービスの例をご紹介すると、AIが進化すれば、おいおい「クラ
スで人間が講義を行う」というビジネスモデルそのものが陳腐化してしまう
と考えています。それゆえ、「GLOBIS 学び放題」といったサブスク型の
動画サービスを提供することで、経営教育に新しいビジネスモデルを持ち込
んでいます。

また、クラスでの教え方も、大きくAIを利用したものに変化し、人間の役割も大きく変わることを見据えて新しい教育方法を模索しています。このように提供価値が変われば、おのずと既存の講師や教材作成者もスキルやマインドセットを向上・変容させる必要が生じるのは言うまでもありません。

　なお、この目的における失敗の原因として多いのは、単純ではありますがマーケティングリサーチの不足です。デジタル技術を用いればさまざまなことができるようにはなるのですが、往々にして提供者視点に立ってしまい、「こんなものを作れば売れるはずだ（使ってもらえるはずだ）」という意識に向かいやすいのです。その結果、作ったはいいものの、売れない、あるいは使われていないアプリなどが次々と生まれてしまっています。何を買うか、あるいは使うかを決めるのは顧客である、という基本は理解しましょう。
　もう1つ失敗で多いのは、せっかくのデータを効果的に活用しきれないことです。たとえば、インターネットショッピングであらゆるものが買えるのは便利です。しかし、顧客にとっては、大量に種類があり、現物が見られないため、何を買えばよいか迷うというデメリットもあります。そのため、過去データを使ったお薦めや、他ユーザーの評価が見られるなどの工夫を行い、顧客が利用しやすい、実店舗を超えたサービスを実現するといった工夫が必要です。デジタル技術を使ったサービスを提供したものの、こうしたデータの活用によるサービス向上を考慮しなかった結果、顧客に使われないという例は多く見かけられます。

　3つ目の目的は、**業界の競争ルールを刷新してデジタルディスラプション**（新たなデジタルソリューションによって、既存の製品やサービスが駆逐されること）**を実現し、圧倒的な業界地位を築くというものです。**たとえばライドシェアサービスを提供するウーバーは、アメリカ西海岸において既存のタクシービジネスをほぼ破壊してしまいました。あるいは動画配信サービスのネットフリックスは、人々の視聴体験を劇的に変えました。その煽りを食って倒産したのが、レンタルDVD（以前はレンタルビデオ）大手のブロックバスターです。
　内燃機関エンジンを用いた自動車会社としては世界最強と言えるトヨタ

図 4-1 DXの狙い

包括的な デジタル変革	組織の構造変革におけるデジタル活用、デジタルを軸にした戦略と 抜本的な組織変革の推進
顧客体験の デジタル化	デジタル活用による顧客ジャーニーの再構築、デジタルマーケティン グやパーソナライゼーションを通じて顧客の囲い込み、啓蒙
オペレーションの 弾力性	オペレーションでのアナリティクス活用（例：予防保全、生産性改善） による弾力性の強化やバックオフィスのプロセスの最適化・自動化
新規ビジネス構築	デジタル技術を活用した新規ビジネスの立上げや新規顧客セグメ ントの開拓
スキル再教育と 組織能力構築	デジタルに必要な組織能力構築、またそのための社内人材のスキ ル再教育、デジタル人材が活躍できる制度や仕組みの構築
組織全体の敏捷性	アジャイルオペレーティングモデルの導入、必要な仕組みの構築
コアテクノロジーの 近代化	クラウド・API技術の活用、ITコストの最適化、データアーキテク チャーやデータ変革の実行

出所：マッキンゼー「デジタル革命の本質」

自動車ですら、アプリ開発などのIT技術力はテスラには全く及ばないとも言われています。EVがより浸透し、車というものの価値が劇的に変われば（Chapter10、226ページ参照）、内燃機関エンジンを主力とするいくつかの企業は市場から淘汰されるかもしれないのです。

その他にも図4-1に示したようにDXの目的はさまざまな切り口で整理することができますが、本書では基本的に先に記した3つの視点を意識しながら議論を進めます。

column

先端企業を模範とする

DXは、さまざまな企業で多様な価値を提供することを可能にします。その中でも注目されているのは、MAAMAやネットフリックス、あるいはBAT（バイドゥ、アリババ、テンセント）などの米中の巨大テッ

ク企業が行ったような、従来に例を見ない指数関数的に急拡大できる事業やその戦い方です。彼らの事業の特徴は以下のようになります。

- プラットフォーム企業としての地位を確立しており、エコシステム（生態系）の中心に位置している（エコシステムについてはChapter7、171ページで詳述します）
- AIとビッグデータを戦略や組織構造、業務プロセス、顧客接点の中核に据えている。それによって、人間が介在することなく、ITの力で顧客に快適な体験を提供している
- オペレーティング・モデルが、AIとビッグデータを核に据えることで、きわめて効率的になっている。オペレーティング・モデルは、規模化、範囲の拡大、（機械）学習の3つの要素を核とする。規模（顧客数など）が増し、範囲（事業ドメインなど）が拡大するほど、学習の効果が増し、オペレーティング・モデルが進化し強固になるという好循環を享受している（オペレーティング・モデルについては、提唱者でもあるマルコ・イアンシティ、カリム・R・ラカーニ著の『AIファースト・カンパニー』[英治出版、2023年] をご参照ください）
- 多くの企業が収穫逓減（量が増すほど価値や効率が下がること）に悩む中、収穫逓増の恩恵にあずかっている。これは、AIは学習量が増えるほど（ビッグデータが増えるほど）、より「賢く」なるという原理に基づく
- データ収集、分析、アルゴリズム開発などが、AI活用を前提に最適化されている
- きめ細かな「実験」を絶え間なく行っている。それによって最適なUIやUXを提供するとともに、その裏側にある業務プロセスの改善なども絶えず進化している
- 図4-3に示したような組織構造をとることで、データ基盤は中央集権化される一方、各チームは自律的でスピーディに現場で意思決定できる状態にある

これらを従来のビジネスを営む日本企業がいきなりキャッチアップするのは難しいです。投資額は非常に大きな規模に及び、またほとんどの場合、既存のビジネスモデル、経営資源から組織のルールに至るまで、抜本的な変革が必要になるからです。アメリカや中国ほどのIT人材がいないという問題もあります。

図4-2 AIファーストカンパニーの収穫逓増

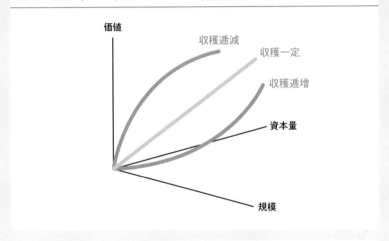

図4-3 AIファーストカンパニーの組織の形

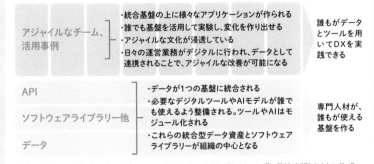

出所：『AIファースト・カンパニー』（マルコ・イアンシティ、カリム・R・ラカーニ著、英治出版）をもとに作成

ただ、うかうかしていると、先にDXの狙いの3つ目として説明したデジタルディスラプションによって、自社のビジネスが海外のテック企業によって駆逐されてしまう可能性もあります。

　彼らは先述したように事業ドメインの範囲を増すほど強くなりますので、今後もどんどん他分野に進出していくでしょう。一足飛びに彼らのようにはなれないまでも、それを参考にDXの次元を上げることも、日本企業の課題なのです。

Point

- ☑ DXの目的はさまざまな切り口で定義でき、難易度も異なる
- ☑ DXの巧拙で企業の競争力は大きく変わる

理解難易度　実践難易度
易〜中　　　一

デジタルの特徴とデジタル技術の進化がもたらす変化

　そもそもデジタルとは、情報を0と1、すなわち二進数の形式で表現・処理する方法を指す言葉です。今のコンピュータの標準であるノイマン型コンピュータの基本原理にもなっています。デジタル技術は、データをデジタルに保存、変換、伝送することを容易にしました。また、アナログ方式と比べて精度が高く（ノイズに強く）、データの損失や劣化が少ないのが特徴です。圧縮なども容易です。

　以下、よりビジネスに紐づいたデジタルの特徴について確認していきましょう。

▶ 急速な機能進化とコスト低減

　デジタルの大きな特徴の1つは、その機能面の進化、表現を変えるとコストの低減が指数関数的に進み、非常に速いことです。指数関数的変化とは、1、2、3、4、5、6、7、8……ではなく、1、2、4、8、16、32、64、128……と進む変化です。図4-4に示したデータはやや古い書籍からとったものですが、エッセンスは今も同じです。その変化の速さがうかがい知れるでしょう。これは、ゴードン・ムーアによって提唱された、半導体の特性であるムーアの法則（半導体の集積率は18カ月で2倍になるという経験則。現代では多少進化が緩くなってきているという指摘もありますが、概ねこの法則は健在）や、他技術の進化が相乗的に効いてくる結果です。

　これは何を意味するのでしょうか。1つの重要な示唆は、「今年はできないと諦めていたものが、2年後、3年後にはできるようになるかもしれない」ということです。たとえば近年、IoTのサービスがさまざまな領域で浸透したのは、より高性能で小型になったセンサー等を安価で利用できるように

図4-4 指数関数的変化

	性能の向上≒コストダウン
3Dプリンティング	7年間で400倍
ドローン	6年間で142倍
DNA解析	7年間で1万倍

出所：『シンギュラリティ大学が教える飛躍する方法』(サリム・イスマイル他著、日経BP社)

なったからです。

　こうした数年後の世界を構想する力がますます重要になっています。ビジネスをスピーディに進められる企業であれば、急激な性能向上やコスト低減を武器にして、動きの遅い企業に先んじて市場地位を確立したり、彼らの顧客基盤を破壊したりすることも可能かもしれません。

　技術の性能向上やコスト低減によって使いやすくなった技術の例として、ここではITの重要な技術であるクラウドについてご紹介しましょう。かつては、企業の中に大量のサーバーやストレージを置いてITサービスを提供することが一般的でした。しかしいまやそのような時代ではありません。アマゾンが提供するAWSなどのクラウドサービスをインターネット経由で必要に応じて利用し、使用した分だけのコストを支払うことで、手軽にデータの保存やプログラムの実行等ができるようになりました。しかも、拡張性や柔軟性なども抜群で、制約条件も一気に下がりました（かつては新しいサービスを始めたときなどにアクセスが集中しすぎて、数時間でサーバーがダウンすることもよくありました）。

　また、クラウドは、API（Chapter1、42ページ参照）を介した他のサービスやアプリとの統合も容易で、さまざまなサービスを提供するプロダクトの開発がしやすくなっています。さらに最近では、大量のデータを一元管理するプラットフォームであるデータプラットフォームの利用もクラウドを活用し

て進められており、利便性やコスト低減につながっています。

　ちなみに、ChatGPTに「DXに必須の技術を10個教えてください」と指示すると以下のような答えが返ってきます。クラウドはその筆頭に来ています。これら10個は直接的・間接的に本書で触れていますので、DXについていくためにも、やはり理解しておきたいものです。

クラウドコンピューティング：データとアプリケーションをインターネットを通じて提供し、アクセス可能にします。

ビッグデータ分析：大量のデータを分析し、ビジネスインサイトを提供する技術です。

機械学習／人工知能：データから学習し、予測や推薦を行う技術です。

インターネット・オブ・シングス（IoT）：デバイスやセンサーをインターネットに接続し、リアルタイムでデータを収集・分析します。

モバイル技術：スマートフォンやタブレットをビジネスツールとして活用する技術です。

サイバーセキュリティ：データやシステムを保護し、サイバー攻撃から守る技術です。

API統合：異なるシステムやアプリケーションを連携し、データや機能を共有する技術です。

自動化：プロセスやタスクを自動化し、効率化を図る技術です。

ブロックチェーン：セキュアで透明性のあるデータ共有を可能にする分散型台帳技術です。

エッジコンピューティング：データをクラウドではなく、エッジデバイスで処理する技術です。

　これらの技術は、企業がデジタル化を進めるうえで非常に重要であり、DXを成功させるカギとなります。

▶ 限界費用の小ささとスケーラビリティ

デジタルなプロダクトや成果物は、通常のモノや人が介在する成果物とは異なり、複製や保管、デリバリーの限界費用（ある程度の規模に達した後の、追加1単位当たりの費用）が限りなくゼロに近いという点も理解しておきたい点です。この特性ゆえに、IT企業は最初の投資こそ莫大なものの、一定の規模に達した後は、容易に規模化（スケール化）を図り、収穫逓増の果実を享受できるのです。

前述したとおり、デジタル技術が進化し、できることが増えたため、データの収集や解析、ソフトウェアのカスタマイズなども容易になりました。そこに限界費用がかからないというこの特性が加わることで、大量のデータを集め、AIサービスの精度を向上させ（加速度的にAIを「賢く」し）、サービスをスピーディにグローバル展開することが可能になっています。

▶ レイヤー構造による問題解決

デジタル技術の進化のもう1つの大きな特徴は、レイヤー構造を採用することによって、多様なソリューションの提供ができるということです。レイヤー構造とは、システムやアプリケーションの構築・運用をしやすくするために、機能や役割ごとに階層化された構造を指します。その例を図4-5や図4-6に示しました。

たとえばアップルは基本的に、スマートフォンというハードとiOSというOSのみを担っています。そのうえで、アプリの開発は外部に任せ、多種多様な価値を顧客に提供しています。当然、通信回線も自分では持たず、他社に任せています。顧客から見ると、いくつかのレイヤーのサービスを組み合わせることで自分に最適なソリューションを得ることができるという点が重要です。

最先端のITの事例ではありませんが、別の身近な例で言えば、出前館はインターネットを活用し、食のデリバリーという新しいレイヤーを付加することで、顧客に新しいソリューションを提供することに成功しました。それ

図4-5 レイヤー構造の例

> **課題**

ハードウェアとソフトウェアのレイヤーが多層化され、それにより
多くの課題が従来よりも効率的に解決されるようになる

レイヤー（例：アプリケーション）

レイヤー（例：ソフトウェア・OS）

レイヤー（例：データ蓄積）

コンピュータ

IoTデバイス

図4-6 スマートフォンのレイヤー構造とアップルの選択

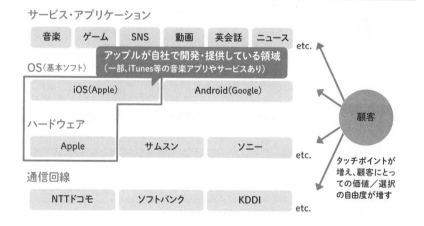

まては、ピザのデリバリーであれば、そのピザ店で作ったものしかデリバ
リーできませんでした。そば店の出前も同様です。しかし、出前館はさまざ
まな業態の飲食店と組むことで、きわめて多様な選択肢というソリューショ
ンを顧客に提供したのです。

Part

1

ベーシックスキル：テクノロジーを知っておくことでできること

業界のレイヤー構造を見る際には、どこに利益が蓄積されやすいか（儲かるか）という視点が大切です。たとえばスマートフォンではOS（厳密にいえばマーケットプレイスを含む広義のOS）のレイヤーを担う企業に利益が蓄積される傾向があります。iOS（App Storeを広義に含む）はその例ですが、これはiPhoneという優れたプロダクトとセットであるがゆえという側面もあります。おいおいスマートフォンの8割以上が採用していると言われるAndroidが利益を奪っていくというシナリオも十分に考えられます。

　（内燃機関をベースとした）自動車は、現時点ではアセンブル（組み立て）というレイヤーに利益が蓄積されます。しかし、自動車というプロダクトにIT的な付加価値がつけばつくほど、言い換えれば移動手段としての要素が低くなるほど、利益はハードではなくアプリケーションサイドに移っていくかもしれません。自動運転を実現するソフトのレイヤーなどはその可能性を秘めています（Chapter10、228ページ参照）。

　レイヤー構造が進むことは、顧客の問題解決のみならず、業界内における富の移動を促すのです。可能であれば、富の蓄積されるレイヤーを取り込みたいものです。

　上記の例は産業全体を見たものですが、社内できめ細かくレイヤー構造を構築することも可能です。たとえばドイツの巨大企業であるシーメンスは、顧客へのデジタルサービスの提供にあたって、社内に「情報取得レイヤー、接続ツールレイヤー、データレイヤー、データ管理レイヤー、分析レイヤー、アプリケーションレイヤー」といったレイヤー構造を作りました。同社は、エンジニアを大量に採用することでこれらを内製しましたが、もちろん、必要に応じてその一部を外注化することも可能です。

　DXの根源には、「レイヤー構造をきめ細かく積み上げることによって、これまでにはなかったような新しいソリューションを実現できる」という発想があります。企業としては、最適なレイヤー構造を構想すること、そしてそのうちどこを内製化し、どこを外部に任せるかという判断が非常に重要になります。

▶ プラットフォーム企業と付き合う

先述したように、レイヤーの中には、iPhoneやiOSを擁するアップルのように、プラットフォーム企業(プラットフォーマー)と呼ばれる企業群があります。これは、サービスの基盤(プラットフォーム)を提供し、サードパーティの事業者がそのうえで製品やサービスを開発したり販売したりするビジネスモデルを持つ企業のことを指します。アマゾンのマーケットプレイス事業やグーグル(アルファベット)のYouTubeなどもわかりやすい例です。

そこまで巨大なプラットフォーム企業でなくとも、たとえば日本のベンチャー企業であるCADDiは切削加工の発注作業を効率化したい製造業者と、受注の手間を解消したい加工会社をマッチングするプラットフォームを提供しています。これにより、製造業者と加工会社のお互いが効率や稼働率、そして生産性の向上を実現する手助けをしているのです。

これらの企業のプラットフォームをレイヤーとして用いれば、事業を比較的早く拡大できます。これらはある意味で産業インフラとも言えるものなのでうまく活用したいものです。

一部の企業は、自身が何かしらのカテゴリーにおいてプラットフォーム企業になれないかを模索しています。そのためのカギは、なるべく早い段階で多くのユーザーを集めることと言われています。ユーザー数が一定の閾値を超えると、データにおける価値提供の精度が上がったり、ネットワークの経済性(ネットワークの参加者が増えるほど、その価値が指数関数的に増加する現象)が働いたりするからです。それらが競争優位性につながります。

ただ、そのためには巨額な投資を要することが少なくありません。たとえば、GE(ゼネラル・エレクトリック)のような著名企業であっても、産業用ITプラットフォームを目指したソフトウェアのPredixでは、サービス改善の半ばで失敗してしまいました。潜在ユーザー数が多いものほど巨額な投資が必要になる傾向が強まります。

プラットフォーム企業を目指す際には、必要な投資や成功可能性、競合の状況などを適切に見据えたうえでの判断が必要です。一般の企業であれば、

すでに確立されたプラットフォームの有効活用を図る方が費用対効果は高いことも多いでしょう。

> **Point**
>
> ☑ コストやレイヤー構造など、アナログとは全く異なるデジタルの特徴を理解することが大切
> ☑ レイヤーを積み上げ、組み合わせることで最適のソリューションが得られる

DXについていくために

　ここからは、一般のビジネスパーソンが社内のDXについていくためのポイントをいくつか紹介しましょう。

　なお、残念ながら日本企業のDXは海外企業に比べて遅れています。

　これはさまざまなデータによって示されています。その最大の原因は経営陣（特にSTEM［サイエンス、テクノロジー、エンジニアリング、数学］バックグラウンドのない経営陣）のITに対する理解不足と、IT人材の不足、特に採用の難しさです。

　それに対してアメリカでは、IT人材も豊富です。

　また、いわゆる文系出身の経営者であっても、大企業であれば、一定レベルのITリテラシーを持っておくことが必須要件となりつつあるのですが、残念ながら日本ではまだその意識は薄いです。

　先述したように、DXの目的は業務の効率化であると矮小化して捉えている例も少なくありません（筆者があるクラスで、「DXの目的は?」と問うと、経営の中核を担うシニア人材ですら、その多くが「業務の効率化」と答えるにとどまるのが実態です）。

　日本企業においてDXが遅れている理由を組織・人の面からまとめたのが図4-7です。情報処理推進機構（IPA）の「DX白書2023」より抜粋しました。ただ、これは一般のビジネスパーソンにはコントロールしにくい部分なので、ここではある程度組織的にDXが進んでいる企業内でサバイブしていくカギについて説明します。

▶ DXの目的を理解する

　まずは社内で起きているDXの目的を理解することです。先述したように、

図4-7 日本企業のDX推進の課題（全般）

枠組み	IPAの「DX白書2023」より
外部環境	・企業により様々なため割愛
戦略	・大企業の半数は全社戦略に基づきDXに取り組んでいるとしている。実際に各社の想定しているDXのレベルはまちまち。定量的な目標設定もされていない企業が多い
HRM（モチベーション・リソース）	・DX人材の質・量とも大幅に不足していると答える企業が多数。特に人材要件定義が出来ていない企業が不足と答えている。職種別ではデータサイエンティスト、ビジネスデザイナーの不足感が特に強い ・IT人材が日本に140万人と母数が圧倒的に小さいため、採用が厳しい。また、メンバーシップ型雇用が日本企業では主流のため、社内での育成、既存人材の活用に走りやすい ・ITに見識のある役員は少ない ・エンジニアの嗜好性（成長や面白い課題）と合わない職場や処遇となっている
人事制度	・そもそもデジタル人材の要件定義をしていない企業が多い。そのため、評価も従来型の基準のままでDXに向けた取り組みを評価できない ・高度な人材を採用するにあたって、適切な報酬を出すことができない
組織デザイン	・DX推進組織を立ち上げる企業も多く、大企業を中心にCDOを置いている。しかし、全社的な取り組みにはならず、自部門・出島組織に閉じたDXの取り組みに終始している ・社外との連携も不足し、自社内に閉じた取り組みになっている ・データ連携に向けたハード面の整備が遅れており、デジタル化した企業も自部門に閉じている
アウトプット（企業の成果）	・デジタル事業を定量的に把握できておらず、出来たところもデジタル事業の比率は40％以下が大多数

DXの目的は企業によってさまざまです。それをまずは正しく把握しましょう。

　ただ、多くの企業では残念ながら、その目的を必ずしも従業員に浸透させきれていません。一般の従業員から見たら「社内のIS部門がITベンダー（SIer）と組んで何かをしている」という認識にとどまるケースも少なからずあります。

　特に日本のサービス業などでは、エンジニアを自社で採用することはあまり多くありません。これはIT人材がSIer以上に企業サイドに多くいるアメリカとは対照的です。

仮に社内に10%でもエンジニアがいれば、彼らに話を聞くこともできますし、そもそもそれだけエンジニアを採用しているということが「テクノロジー企業に変わるんだ」という経営の意思を伝えることにもつながります。実際に我々グロービスはここ数年で一気にエンジニアの採用を加速し、いまやおよそ10%の従業員がエンジニアです。外部パートナーも含めれば、その比率はさらに上がります。「DX（グロービス社内ではテクノベート化と呼んでいます）なくしては勝ち残れない」という経営側の意図がそれによっても伝わっているのです。

一般企業のビジネスパーソンの方であっても、上司やさらにその上司などに、「何のためのDXなのか」をまずは確認しましょう。それによって、自分の動き方も変わってきます。そしてもしDX推進チームのメンバーになるという機会があったなら、目的の明確化から始めることを心がけてください。

▶ DXは一過性のものではないと理解する

「DXは推進時に特別に組織を立ち上げ、いずれ終了させる」という考えの下プロジェクトを立ち上げる企業を見かけます。しかし実際には、本来のDXは連続的、継続的なものであり、長期にわたり進化させるものです。

プロジェクトマネジメントとプロダクトマネジメントの対比になぞらえ、「DXは本来プロダクトマネジメントのようなものだ」と言われることがあります。プロジェクトは通常、終わりが決められています（もちろん延長することもあります）。それに対してプロダクトマネジメントは、プロダクトを継続的に進化させていくことで顧客も進化し、同時に顧客の生活様式などもアップデートされていきます。SNSやそのユーザーの進化はその例です。顧客の進化に合わせてさらにプロダクトを改良していくというのは、プロダクトが衰退期を迎えるまでの終わりのない営みであるという点がポイントです。

その意味では、目的設定の段階で「○○サービスを導入する」などにとどまっていてはいけません。DXによるありたい姿が明確化され、それが従業

員にも伝えられていることが望ましい姿です。

▶ 好奇心と同時に危機感を持つ

DXについていけない人の大きな特徴が好奇心の欠如です。たとえば皆さんはChapter1でご紹介したChatGPTが大々的に喧伝されたとき、それを使ってみたでしょうか。使わなかった、あるいは使ったけれど遅かったという人はDXにも取り残されてしまう可能性が大です。

少なくともこれからのビジネスシーンで活躍したい人ならば、社内のDXの場面に限らず、ITツールの導入に関しては遅くとも最初の5分の1から4分の1程度より前に位置していたいものです。

こうした話になると、「どうしてもテクノロジーにアレルギーがあるので」「自分は文系だったから」と言う人がいますが、それは言い訳になりません。幸い、今はChatGPTのように特別な知識がなくても最先端の技術を試せるツールがあります。また、便利な検索ツールもあり、知りたいことはよほど

図4-8 **アーリー・マジョリティの前半くらいの位置をキープする**

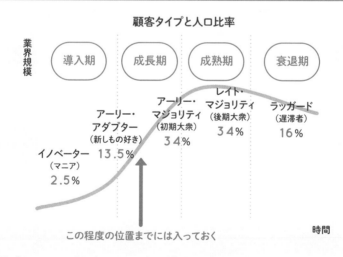

出所：『イノベーションの普及』（エベレット・ロジャーズ著、翔泳社）をもとに作成

の機密情報でもない限り、検索できるものです。

　ビジネスパーソンの場合、そこまでの時間はないという人もいるかもしれませんが、時間は作り出すものです。健全な危機感を持ちつつも、好奇心を持って新しい技術に触れることで、自分たちのどの活動をより効率化できるか、サービスを良くできるか、社会課題が解決できそうかなどを考えることがとても大切です。

　危機感を持てない人は、雑誌などに書かれている「AIに代替される仕事」などを改めて読んでみるといいでしょう（151ページ参照）。テクノロジーは日々進化しています。すべての世代において、ITリテラシーを高め、テクノロジーによる環境変化に柔軟に対応し、テクノロジーを使って価値を生み出す側に回らないと、居場所はどんどん減っていくのです。

▶ DXに積極的にかかわる

　どの役割のビジネスパーソンでも、DXを自分事として引き寄せ、かかわりを持とうとすることは重要です。まずは従業員としてシステムを利用するだけではなく、新しい活用法やシステム改善提案を考えてみましょう。もしシステムやサービス担当部署に、一ユーザーの声として伝えることが可能であれば、「現在利用しているシステムをこう改善するとよいのでは」「この顧客の困りごとを、このシステムの力で解決してはどうか」「このツールでこんな価値を提供できたので、標準化して横展開できないか」など提案してみてください。すべてが反映されることはないですが、こうした姿勢はサービス向上にもつながるため、とても大切なことです。

　あるテーマや目的に関するDXは、最初こそトップダウンで進められますが、どこかのタイミングでボトムアップによる使い方の工夫やDXチームに対する提言がより重要となるフェーズが必ず来ます。そのときこそビジネスパーソンとしては、ライバルに差をつけるチャンスでもあるのです。受動的に定式化された方法で業務をこなすのではなく、自ら工夫しながらDXをより進化させる当事者意識が求められます。

　ただ、多くの人はそれができません。その1つの理由は、単純なリテラ

シーの不足です。しかし、会社において価値を生み出したいのであれば、ある程度は頑張ってそれを高めたいものです。

一方で、組織としては心理的安全性を高める工夫も求められます。一般の従業員が「こんなことを言ったら専門家に馬鹿にされるんじゃないか」という意識を持っていると、せっかく良いアイデアがあってもそれが表に出てこなくなります。マネジャーや経営者が意識すべきポイントと言えるでしょう。

▶ DXプロジェクトのメンバーに挑戦してみる

一般のビジネスパーソンがDXにかかわる1つの方法は、自ら進んでそうしたチームに参画してみることです。多くのDXチームは、Chapter3でも触れたように、単にエンジニアだけではなく、ビジネスサイドの人材も交えた混成チームになっています（これをフィーチャーチームなどと言ったりします）。slackやオンライン会議を多用するバーチャルチームであることも多いものです。

現状の仕事もありますのでフルタイムでの参加は難しいかもしれませんが、タスクフォース的にそうしたプロジェクトが動いているのであれば、上司の了承の下、参加してみるのも1つの方法です。そうすると、エンジニアの発想を知ることもできますし、自分の仕事を全く別の視点で見るきっかけとすることもできます。何より社内外に良き人的ネットワークができることも大きな財産になります。

突き詰めると、DXに取り残されないうえで必要なのは、最低限のリテラシー習得を別にすれば、継続的な努力と前向きな姿勢です。変化に適応し、新しいことを学び続けることが必須です。ショートカットできる楽な道はありません。検索した情報や知人からのアドバイスなども参考に、自分自身の意識も「ITを知らずして価値は生み出せない」と変革させ続けましょう。

☑ まずはDXの基本や自社内のDX推進の目的を押さえることが大切

☑ 好奇心と危機感を持ちながら積極的に関与する姿勢が求められる

伸びる／衰退する
業界や会社を見分ける

ビジネスや投資の世界ではよく「勝ち馬に乗れ」ということが言われます。株式投資であれば、産業全体が伸びることが期待されているときにそのインデックスファンドを買えば儲けられる可能性は高くなります。

　それ以外にも、伸びる業界や企業がある程度予測できれば、協業や転職、あるいは起業や新事業開発などのヒントなども得られます（起業や新事業開発についてはChapter7で別途触れます）。

　本章では、特にIT関連のビジネスに着目して、これから伸びる業界もしくは企業、逆に衰退していくであろう業界や企業を予測するヒントを提供します。

成長／衰退する
業界を見分けるヒント

▶ 成長／衰退する業界を見分ける「基本のキ」

　まず一般論として、「基本のキ」とも言える3つの視点について解説します。

　第1は**実際の市場規模の成長率を見る**ことです。たとえば最近5年から10年、もしくはそれ以上のスパンで市場規模が成長／衰退している場合、そのトレンドは続くことが多いと言えます。たとえばファクシミリやフィーチャーフォン（ガラケー）の市場が今後伸びることは考えにくいでしょう。

　ただ、これは衰退産業を見極めるうえでは効果的ですが、成長産業を見極める場合は落とし穴があることがあります。たとえばGoogle Glassに代表されるウェアラブルは、一時期は成長しましたが、高価な価格や限定的な機能などが理由となって成長しきれていません。10年ほど前に各社がこぞって出した3Dテレビなども多くのメーカーが撤退してしまいました。これらは、ハードルさえ解消されればまた成長モードに入っていくと思われますが、ある技術がいつ市場に一定レベル浸透するか、そのタイミングを正確に知ることは容易ではないのです。

　さらに言えば、いつ急に特定の技術の衰退期がやってくるかを正確に見極めるのも容易ではありません。たとえばポケットベルは、携帯電話の低額化によって、予想以上に一気に衰退期を迎え、現在ではほぼ消えてしまいました。パスワードによる認証などもそのうち衰退すると言われてはいますが、その時期を正確に読むのは容易ではありません。

　第2は、**不可避のトレンドや既定の路線を知る**ことです。たとえば日本の少子高齢化は今後も続く可能性が圧倒的に高いと言っていいでしょう。それ

に関連する産業、たとえば高齢者向けサービスが伸びるのはまず間違いありません。

あるいは、半導体の性能に関する「ムーアの法則」（半導体の集積率は18カ月で2倍になるという経験則）は、あと十数年は続くでしょう。それゆえ、半導体メーカーのみならずその製造装置企業なども、ムーアの法則をコンセンサスとして共有しつつロードマップを描き、時には協業しながら技術開発や投資を行っています。

数年後に通信の規格が5Gから6Gになることも既定路線です。6Gゆえに実現するビジネスも成長が期待されます。気候変動に対応するための温暖化ガスの削減なども、世界レベルで目標が立てられています。これらはスケジュールが国や関連団体を巻き込んで公式・半公式にある程度示されているため、比較的予想も立てやすいです。ぜひ自社に関係がありそうな重要なロードマップやマイルストーンなどは知っておきましょう。

第3に、**一般のビジネスパーソンにとっては、専門家の予測も非常に参考になります。**たとえば官庁や大手の総合研究所、コンサルティングファームなどが出しているレポートは比較的信頼性が高いです。ただし、レポートの作成者が自らのビジネスを拡大するためのマーケティングツールにしたり、官庁が予算獲得のために作成したりしているという側面もあります。信頼度の高いレポートであっても、作成者の意図を理解しておくことが必要です。

▶ 海外に学ぶ

日本企業の場合、海外の動向を調査することも非常に有効です。もともと日本には「タイムマシン経営」という言葉がありました。欧米で流行っているものは、そのうち日本にも導入されるという発想です。コンビニエンスストアやピザのデリバリー、宅配便などもすべて海外で先行したビジネスです。アメリカや時に中国の先行事例を見ておくことは、そちらが先行しがちなITビジネスにおいては有効です。特にユニコーン（設立10年以内で時価総額10億ドル以上の未上場ベンチャー企業）やデカコーン（設立10年以内で時価総額100億

ドル以上の未上場ベンチャー企業）を調べることは、これから伸びる業界のヒントを得られるとともに、Chapter7で紹介する新事業のヒントともなります。たとえば日本のECサイト作成プラットフォームのBASEは、Shopifyのビジネスモデルを参考にしていると思われます。

　少子高齢化や地球温暖化、交通といった、ヨーロッパが日本と似たような課題を抱えている分野においては、アメリカよりもヨーロッパの事例の方が参考になるかもしれません。

　こうした先行事例の調査は、検索で行うことも可能です。

　導入期の技術の場合、ベンチャーキャピタル（VC）、特にシリコンバレーの著名なVCや、MAAMAなどの大手IT企業がどのような技術テーマに投資をしたり、どのような企業を買収したりしているかの情報を知ることも効果的です。そうした技術は、数年後に大きく化ける可能性があります。

　たとえば昨今ではAI関連はもちろん、ディープテック（ロボティクスや材料科学など、より物理化学領域のテクノロジーの比重が高い分野）やSDGs関連の課題をITの力で解決しようとする分野への投資、あるいはエッジコンピューティング（演算をクラウド上などではなく、センサーなどデータの発生源に近い場所で行う技術）への投資などが増えています。Chapter9で紹介するメタバース関連なども当然投資が増えています。

　ただし、VCや大手IT企業は「外れるかもしれないが、当たった際にリターンが巨大だから」あるいは「ライバルも投資を大きくしているから（ライバルの後手に回るとまずいから）」という理由で、決して確度が高くない案件にも投資を行うことがあります。それゆえ、往々にして一過性の投資ブームで終わることもあるという点には注意が必要です。

---

column

視野を海外に広げる

　日本の国内人口はほぼ間違いなく減っていきます。世界に占めるGDPの比率も減るでしょう。それゆえ、産業規模を考える際には、国内の動向だけを見るのではなく、世界の動向もにらむ必要があり

Part

1

ベーシックスキル：テクノロジーを知っておくことでできること

ます。

　ちなみに、日本の高度経済成長期においては、特に製造業は視点を早期に海外に向けることで業容を広げてきました。たとえば自転車部品で圧倒的な地位を築いているシマノは、日本の自転車市場の成長のみならず、世界（特にアメリカ）の自転車市場の成長も見据えたうえで大胆な設備投資を行い、一気に高性能と低価格というアドバンテージを獲得しました。そして、日本市場、そしてアメリカ市場で圧倒的な市場シェアをとるに至ったのです（当時の1ドル360円という超円安の固定為替相場も後押しをしました）。

　残念ながら、一部の製造業（部品や素材、自動車など）を別にすると、日本のサービス業やITビジネスが海外で最大のシェアをとった例は皆無と言っていいでしょう（コンビニエンスストアはその例とも言えなくはないですが、もともとは海外のサービスです）。

　ITを活用した製造業のサービス化（モノ売りからコト売りへの進化）が進んでいるとはいえ、製造業頼りあるいは国内市場頼りでは将来は明るくありません。サービス業やITビジネスも、世界全体を見据えつつ、その中で一定のプレゼンスを得る力が今後必要になるでしょう。特に地理的にも近くGDPの成長も大きいアジア市場などでのプレゼンス向上が期待されます。ベトナムやタイ、フィリピン、インドネシアなど、日本との相性が良く、かつ確実に経済成長が見込まれる市場は意識しておきたいものです。

Point

- ☑ まずは基本的な白書や調査レポート、ホワイトペーパーによって時代の大きなトレンドを把握する
- ☑ トレンドに対する海外企業やVCの動向は大きな参考になる

成長／衰退する
会社を見分けるヒント

実践難易度 中
理解難易度 易〜中

Section2

Part **1**

ベーシックスキル：テクノロジーを知っておくことでできること

　次に、よりミクロな視点で、勝ち残れる企業とそうでない企業を見極めるためのヒントについて述べます。これらは、転職のみならず、パートナー探しや投資のヒントを得るうえでも非常に大切です。せっかく成長産業の会社に転職するのであれば、成功確率の高い会社に入り、その会社の成長に貢献し、仲間と喜び合いたいものです。アライアンスを組んだ先が悪く、ビジネスが伸びないという事態も避けたいところです（かつてビデオの規格でVHSに負けたβなど）。成長の果実を手にするためにも、「どの会社が勝ちそうか」をある程度確度高く予測することは大切です。

　これらは、自分で調べることができるものもあれば、やはり専門家の知見が必要なものもあります。バランスの良い情報収集が必要です。ここでは特に「勝つ可能性が高い企業」を見極めるうえでのポイントについて見ていきます。

▶ 先行者利得（ファーストムーバーアドバンテージ）

　ITビジネスはネットワーク効果（数が利便性を増し、利便性がまた数を増やし……という好循環を生み出す効果）が効きやすいため、先行者利得が生きやすい分野です。YouTubeやフェイスブックなどはそうしたサービスの典型例と言えるでしょう。今から動画サービスでYouTubeを追い越すのは至難の業です。

　先行者利得は、ネットワーク効果が効きにくい場合でも働くことがあります。たとえば業界のデファクトスタンダード（事実上の標準）になってしまい、ユーザーがその使用法に慣れてしまったなどのケースがその例です。例として、（特定の企業が独占したというわけではないですが）キーボードの「QWERTY」

の配列があります。これは、もともとはタイプライター時代に、タイピングが速すぎると機械が追いつけずトラブルが生じるので、あえてタイピングを遅くさせるために工夫した配列でした（他の説もあるようですが）。

配列だけであればもっと速く打てるものはいくつもあるのですが、多くの人は「QWERTY」に慣れてしまったため、パソコン時代になってもほとんどの人はそれを使うのです。より一般化して言えば、スイッチングコスト、すなわち他のサービスに切り替えるうえでの費用や手間暇（覚えるための学習時間など）が大きい場合、先行者利得は生じやすくなります。

先行者は、成功事例や失敗事例を早期に溜めやすく、それをベースにより良いサービスを顧客に提供しやすいなどのメリットも享受できます。また、ネットワーク効果は効かなくとも、オーソドックスな規模の経済性で低コストを実現できるケースも多いです。ブランド認知も通常は高いです。さらに、早期に良きパートナーとの関係を構築できることも、競合から見たときの模倣困難性や参入障壁につながります。

先行したからといって常に勝てるわけではないですが、業界1位の座にいることで得られる先行者利得はやはり勝因となりやすいです。以降に説明する項目とも併せ、総合的に判断しましょう。

▶ 技術的優位性

先行者利得が効きやすいITビジネスですが、技術力そのものの優位性をベースに後発組が逆転することもあります。

たとえばiPhone以前にも、BlackBerryなど、今のスマートフォンに似た人気のある通信端末はありました。しかし、アップルが圧倒的に優れた技術やUIを提供することで、一気にトップに躍り出ました。第三者がこうした強い競合の登場をあらかじめ予測するのはきわめて難しいですが、やはりライバルの動向にも注意したいものです。

なお、そうしたプレーヤーは往々にしてベンチャー企業の場合があるので、すべての情報を手に入れるのは容易ではありません。ただし、技術的に優れた大企業や、海外の著名企業とアライアンスを組んでいる、あるい

は彼らを顧客としている企業は、優良企業である確率は高いと言えます。た
とえばフィンテック（Chapter10参照）の企業であれば、VISAやMastercard
と組んでいる企業は、そうでない企業に比べると有望と判断できそうです。
VISAやMastercardも、今後MAAMA等との業界の垣根を越えた競争が見
込まれる中で、特定のベンチャー企業と組んだからには相応の理由があると
考えることができるのです。

　代替技術との優劣にも目配せが必要です。代替技術とは、同じ顧客ニーズ
を満たす、別の形の技術です。銀塩カメラに対するデジタルカメラがその典
型です。代替技術に負けた例としては、初期の音楽プレーヤーにおけるハー
ドディスクがあります。初期のiPodもハードディスクを利用していました。
しかし、フラッシュメモリの価格が低下するにつれ、軽くて頑丈なFlash
ベースが主流となったのです。
　代替技術については、破壊的技術（破壊的イノベーション）に対する理解も
必要です。破壊的技術とは、最初は「相手にもならない」「おもちゃのよう
だ」などと下に見ていた技術が、いつの間にか性能を上げ、業界のメインス

図5-1 破壊的技術

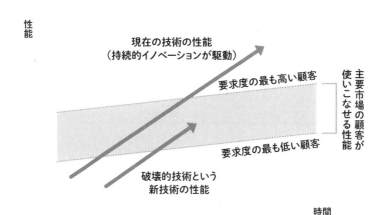

出所：『C. クリステンセン経営論』（クレイトン・M・クリステンセン著、ダイヤモンド社）をもとに作成

トリームに躍り出るというものです。先のデジタルカメラもそうですし、古くは馬車に対する乗用車もその例です。なお、破壊的技術になかなか注意を向けられず、気がつけば市場のニッチに追いやられる現象をイノベーションのジレンマと言います。ライバルは長年の競合他社ではなく、むしろ真剣にその脅威を検討していなかった代替技術ということが非常に多いのです。

▶ 財務の健全性

　ITビジネスは往々にして巨額の投資が必要になります。それゆえ、財務の健全性、特に手元のキャッシュは大きな意味を持ちます。ベンチャー企業の場合であれば、VCから資金を引っ張ってこられるビジョンの大きさや戦略の秀逸さなどは非常に大切です。テスラが現在の地位を築けたのは、VCを説得できたイーロン・マスクの手腕による部分が大です。

▶ 優れた経営チームとスピード感

　スピードの速いITビジネスでは、経営チームの的確かつスピーディな判断力・行動力や、そのベースとなる彼らの資質が非常に重要になります。
　経営チームの良し悪しを判断するのは簡単ではありませんが、カギとなる人物の過去の実績などを知っておくことがまずは第一歩です。ビジネス上のアライアンスなどは、結局は人のつながりで生じることも多いので、たとえば「あるベンチャー企業のCEOは、著名な○○社の元CTOだった」などの経歴は参考になります。
　ポイントは、経営者や事業リーダー個人の良し悪しだけではなく、チームとして評価するという点です。たとえば経営者や事業リーダーがエンジニアでなくとも、業界でも名の知られたエンジニアがチームにいればやはり評価は高まります。技術に対する洞察、戦略的思考、マーケティング能力などがバランス良く備わっているチームは強いです。
　また、ITビジネスは往々にして海外サービスとの競争になることもあるので、海外の競合に対する感度を持っているかを判断できれば、それも役に

立ちます。たとえば、ビジョナルの創業者でもある南壮一郎社長は、徹底的に海外のサービスを調べ、スカウト型の人材サービスを立ち上げ、成功させました。そうした感度の高い人がいるかどうかも重要です。

　経営チームの仕事ぶりの情報を、信頼できる人から得ることができれば、それは非常に役に立ちます。なお、ネットに流れる匿名の書き手による評判はあまり当てにならないと思っておく方がいいでしょう。ネットの情報を参考にする場合は、その書き手の評判も確認することが大切です。

Point

☑ ITビジネスでは先行者利得が効きやすい

☑ 技術力や財務健全性、経営チームの良し悪しにも注意が必要

IT新時代にマネジャーとして
成果を残す

本章では、マネジャー、特に比較的現場に近いミドルマネジャーをイメージしながら、彼らの仕事がどう変わるか、そしてそこでどうすればバリューを出せるかについて検討します。

管理職の役割と
これまでの変化

　まず、管理職の役割をいくつかにブレークダウンしてみましょう。マネジャーのあり方に関する考察で著名なヘンリー・ミンツバーグの論文では、マネジャーの仕事は大きく3つに分けられています。**1つ目は対人関係役割、2つ目は情報伝達役割、3つ目が意思決定役割です。**

　このうち、意思決定役割と情報伝達役割が成果を出すことに、より直接的にかかわる仕事です。それに対して対人関係役割は人を育てたり鼓舞したり、他部署との調整を図る役割です。この3つの役割を意識したうえで本章を読み進めてください。

　ここ十数年間のマネジャーの仕事の変化についてまず押さえておきたいポイントとして、マネジャーの責任が昔に比べ、重くなってきたという点があ

図6-1 マネジャーの典型的な役割

カテゴリー	経営上の10の役割
対人関係のカテゴリー	①傀儡 ②リーダー ③リエゾン
情報伝達のカテゴリー	④モニター ⑤情報提供 ⑥広報
意思決定のカテゴリー	⑦起業家 ⑧調停 ⑨リソース配分 ⑩交渉

出所：『エッセンシャル版 ミンツバーグ マネジャー論』(ヘンリー・ミンツバーグ著、日経BP社)をもとに作成

ります。

　具体的には、単なる業務の管理監督者から、リソースの管理責任が生じ、さらに組織のフラット化によって周辺組織との調整まで含めたマネジメントをするように変化してきました。さらにここにプレイングマネジャーの要素も加わります。2023年現在、概ね85%くらいがプレイングマネジャーです。プレーヤーとしての仕事が50%以上の管理職も4割以上いるとされます。

　近年では、メンバーのマネジメントに求められるあり方も変わりました。より対話重視で配慮の必要性のあるやり方でコントロールしなくてはならなくなってきたのです。

　また、フラット化した小さい組織が多く生じたことに伴って、管理職の仕事には、自分の組織のマネジメントをするだけではなく、組織外、あるいは外部ネットワークの活用でリソースを補うといったことが求められるようになってきました。

　つまり、リソースの制約を超えて、どんどん組織外のものを活用することもマネジャーの仕事となってきたのです。この流れは、組織の垣根が低くなり、外部の企業や人材との協業が重要となる今後、ますます加速するでしょう。

Point

☑ **マネジャーには大きく3つの役割がある**
☑ **マネジャーの責務は一貫して重くなりつつある**

IT新時代における
マネジャーの仕事の変化

　今後、マネジャーが率いるチームは、どんどんデータとITの仕組みを活用して、現場で自律的に動く組織になることが期待されています。短時間で意思決定していくことも必要です。データの統合などDXは最初は中央集権的にトップダウンで進むことが多いですが、ある程度浸透したら、次の段階では現場の自律的な判断でどんどん顧客（社内サービス部門であれば、社内顧客）の要望に合わせていくことが求められます。

　DXが進むと、マネジャーが担ってきた情報伝達の役割も変わります。さまざまなデータが一元化されて誰でも見られるようになり、KPIや言語化されたノウハウなどが蓄積・可視化される結果、情報の非対称性が崩れていきます。

　人事の機微情報等は別として、それ以外はほぼ可視化されすぐに検索できるようになっていくでしょう。つまり、情報格差で人をコントロールする時代ではなくなるということです。

　そして、必要な情報のかなりの部分は簡単に手に入りますから、それを使って意思を持って物事を決めていく必要性が増します。

　具体的には、自分の顧客（社内顧客も含む）のためにイシュー（課題）を見つけたり考えたりしなくてはならなくなります。自ら意思を持ち、情報を読んで、結論を出すというサイクルを高速で回す必要が出てくるわけです。マネジャーの意思決定役割が重要性を増すと言えるでしょう。

　そのためには、クリティカル・シンキングの能力を高めて、より正しいイシュー設定や意思決定を行うことが必要です。クリティカル・シンキングはChapter2で触れたように問題解決の思考法であると同時に、自分の意思決

定に明確な根拠を付与する思考法でもあります。さまざまな情報から何が言えるのか（So What?）を問う能力と、それとは逆に自分の主張についてなぜなら（Why?）を問いかけ理論武装する能力がきわめて重要になります。

　また、（特に当面は）自分に必要な情報を整備してとっていくために、それをエンジニアに整備してもらわないといけません。彼らの力を使って自分に必要な情報を揃えなくてはいけないのです。それゆえ、ここでもテクノベート・シンキング的な力も高める必要があるのです。
　これらのスキルを高めて業務を高速で回す必要があります。

▶ 人を相手にする仕事の変化

　人を相手にする仕事も大きく変わることが予想されます。特に伝統的な日本企業では大きな変化がありそうです。
　1つの大きな変化は、労働力の流動化です。正社員として長期間1つの業務、1つの企業に自身の時間の100%を注ぐ人は減っていき、管理すべきリソースの変化が激しくなったり、チームの定義が曖昧になったりします。かっちりした自分の部下と言える人は減っていきます。そうなるとマネジャーは、先述した人脈（ネットワーク）を用いてリソースを集め、使うというスタイルに変化せざるを得ないでしょう。
　つまり、リソースの管理責任と言うとき、所与のリソースを管理するのではなくて、必要なリソースを集めてきて組織化し、管理して、不要な分は切るということまで責任が広がってくると想像されます。

　たとえばある組織では、ITを用いた新プロダクトの開発にあたって、最初はマネジャーとエンジニア1人しか正社員がおらず、その後、十何人も業務委託の人を集め、また他組織にさまざまな業務を依頼することでプロジェクトを進めていく、ということが起こるでしょう。いったんサービスが出来上がったら、エンジニア組織は小さくし、オペレーションや営業の担当がさらに加わります。こうしたやり方がどんどん増えていくでしょう。それゆ

え、プロジェクトをマネジメントする力が重要になってきます。

　なお、プロジェクトのマネジメントについては、オーソドックスなプロジェクトチームの運営論（目標の明確化、メンバーの役割と責任の明確化、忌憚なくコミュニケーションできる場づくり、リソース管理、メンバー間のコンフリクトの解決など）に加え、IT時代においては、Chapter3で説明したようなさまざまなプロジェクトマネジメントの方法論を知っておくことも大切です。

　AIの進化などにより、プロジェクトの期間もどんどん短くなります。アジャイルに、トライアンドエラーしながら新しいサービスを作っていくようになるでしょう。チームも解散したりくっついたりといったことが増えます。

　つまり、組織がフラット化するだけではなくて、組織全体が流動化、プロジェクト型になるわけです。企業規模によってどのような外部プレーヤーと組むかは変わってきますが、社外の組織や人材と組む機会は確実に増えるでしょう。

column
ITサービス提供企業との協業

　Chapter4でも触れたとおり、日本独自の課題として、ITエンジニアが社内にほぼいないということがあります。特にサービス業などはそうです。

　アメリカの企業だと、サービス業であってもエンジニアをどんどん正規雇用、あるいは業務委託で採用します。個々のエンジニアをそれぞれの会社が集める構図です。一方、日本ではSIerやコンサルティングファームに丸ごと委託するケースが多いのです。あるいは自社の情報子会社という形で、別会社にしているケースもあります。

　一昔前のITに関するイシューが比較的単純な時代であれば、かなり強引に彼らに丸投げすることも可能でした。しかし昨今は、ITで解決すべき課題の質も上がっていますし、流動的なアジャイル開発が求められたり、運用しながらどんどん考えて変えていったりというよ

うにプロジェクトの質も変化しています。

　プロジェクトも一度で終わりではなく、プロダクトマネジメント的発想で、顧客とのリレーションを維持し続けながら、そのプロダクトライフサイクル全体に責任を持つ必要がある、というように変化しています。

　それゆえ必然的に、程度の差こそあれ、ITサービス提供者と一緒に走っていかなくてはなりません。ただ、コンサルティングファームやSIerで高給をもらっていた上流のエンジニアたちを自社で採用することは難しいでしょう。そのため、ずっと外部と協業し続けないといけない可能性が高いのです。そうした事情もあり、マネジャーが、社内の人と社外の人とを一緒にマネジメントしなくてはいけないという構造やトレンドは変わらないと予想されるのです。

Point

☑ マネジャーの仕事は、今後ますます複雑になる
☑ マネジメントすべき対象は外部も含め、ますます広がる

マネジャーにとって
重要になる素質

実践難易度　中
理解難易度　易〜中

Part **1**

ベーシックスキル：テクノロジーを知っておくことでできること

　それではこれからのマネジャーにはどのような資質が求められるのでしょうか。クリティカル・シンキングやテクノベート・シンキングの重要性は繰り返し説いていますが、それらに加えて必要な素質を考えてみましょう。

▶ 一般論として必要となること

　人材が多様化する中、多くの人を巻き込むうえでビジョンやパーパスなどももちろん必要になります。ただ、ビジョンやパーパスについては、経営者クラスの人々が正しくそれを持つことが第一義的には必要です。現場を預かるマネジャーにとっては、それを噛み砕いたり比喩を用いたりして説明することが必要となるでしょう。つまり**高度な言語化能力が必要になる**ということです。

　言語化能力が重要になる別の背景もあります。たとえば企業や職場のあり方が変わる結果、配下のリソースも均等・均質な10人などではなくなってしまいます。業務委託のAさんと、協力会社のBさんと、パートタイムのCさんなど、より細かいレベルで、どういう仕事を誰に割り振るのかを言語化しなくてはならないのです。

　透明性や信頼も重要になります。なぜなら前述のように、職場が非常にわかりにくいものに変わっていくからです。それゆえ、考えていること、決めたことを透明性をもって開示していくこと、そして「この人は信頼できる」と思ってもらうことが重要です。

　後者については、嘘をつかない、誰に対しても同じ態度で接する、相手に配慮できるという要素が大事になります。共感力なども重要になるでしょ

図6-2 バーチャルチームにおける「信頼」

バーチャルチームが機能するためには「信頼」が不可欠

- バーチャルチームにとって信頼は重要な成功要因(Verburg, Bosch-Sijtsema, & Vartiainen, 2013)
- 信頼は、チームメンバー間に存在する地理的・心理的な距離を橋渡しし、バーチャルチームを1つにまとめる「接着剤」(Jarvenpaa et al., 1998)

信頼レベルの高さがバーチャルチームにもたらす効果

- コラボレーションと知識の共有が促進される(Jimenez et al., 2017)
- リスクテイク、助けを求める行動、情報開示等が高まる (Christina Breuer et al., 2020)
- その他、結束力の向上、創造的な問題解決、チームと個人のパフォーマンス向上、離職率低下に効果を持つとの研究結果あり

図6-3 バーチャルチームでの信頼醸成を促す行動

	初期	後期
信頼の醸成を促すコミュニケーション行動	・社交的コミュニケーション:趣味や家族など、タスク外の他愛のない会話 ・熱量の高いコミュニケーション:タスクへの意欲の表明や、チームの一体感を意識したメッセージなど	・(限られたメンバーのみが不規則に発信するのではなく)定期的で予測可能なコミュニケーション ・発信に対してのタイムリーで内容のある反応
信頼の醸成を促すメンバー行動	・利用ツールや取り組むタスクについての認識を合わせる(例:コミュニケーションに用いるツールや運用ルールを定める) ・指示待ちでなく自発的に発信する	・社交からタスクへ、焦点のスムーズな移行(社交をなくすわけではない) ・(タスクに関するスキルや能力、情熱に支えられた)ポジティブなリーダーシップ ・正念場での冷静で粘り強い取り組み

出所:Sirkka L. Jarvenpaa and Dorothy E. Leidner, "Communication and Trust in Global Virtual Teams"をもとに作成

う。ちなみに、信頼というキーワードは、研究の結果、リモートワーク下や
バーチャルチームの管理職のあり方で重視されるキーワードにもなっていま
す。

▶ 成果の出し方の変化に伴う、必要な素質

成果を上げるうえでのマネジャーの仕事力のベースは大きく3点に分解で
きます。1つ目はITツールの使い方、2つ目は既存のリソースに囚われない
「ありたい姿」「あるべき姿」からの発想、そして3つ目は高速の意思決定で
す。これらに関する素養も大きな意味を持つようになります。

1つ目のITツールという点では、Chapter1からChapter4で説明したスキル
がマネジャーにとっても当然大切になります。AIに置き換えられる仕事
の一例は図6-4をご覧ください。

図6-4 AIに置き換えられる仕事

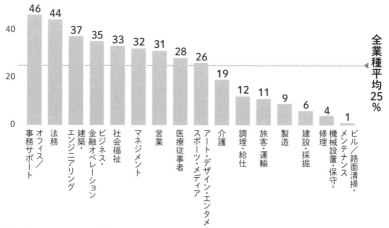

各業種における、AIによって自動化される可能性がある業務の割合

出所：ゴールドマン・サックス資料

2つ目の必要になる力は、必要なものを的確に発想して、外からリソースを調達してくる力です。現在のマネジャーの多くは、ありたい姿から考えるのではなく、今あるリソースにどう仕事を割りつけるかを考えています。

　そうではなく、「この成果を出すためには、あるべき仕事はこうだ」と発想して、足らないところは外から借りてくるという発想に変えないといけません。これは現在でもできるマネジャーはやっていることですが、その必要性がさらに増していきます。

　一方で、あまり生産性の良くない部下や、生成AIに仕事をとられてトレーニングの機会がなかった「できない若手」の面倒もマネジャーは見なくてはなりません。そうした「扱いに困るリソース」と、社外にある良いリソースの断片と、さらにAIを組み合わせるという複雑なパズルを解く力が必要となります。

　3つ目の力が、先述した高速で意思決定する力です。実は現場のマネジャーの中には、自分に与えられた枠の中で定型的な判断をするだけというタイプの管理職も多いのです。

　ところが、AIが発達すると、定型的な判断は自動でやってくれるようになります。顧客のクレーム対応なども、膨大な過去履歴を検索して一番答えが該当しそうなものを出せばいいという時代になるわけです。ビッグデータを活用して顧客の体験価値の細部を改善するような意思決定も人間の仕事ではありません。

　そこで残る意思決定は、コンピュータではできないより面倒くさいものや、大きな方向転換を伴うものになってきます。先述したようにマネジャーの仕事は大変になりますから、決断の重みも上がります。その中で責任をとって意思決定をしないといけないのです。しかもその頻度は増えていく可能性が高いです。

　そのためには、緻密に考えること、そして胆力が必要となりそうです。胆力は、表現を変えれば、困難な状況に直面したときに恐れを乗り越えて行動する勇気や決断力です。プレッシャーの中での意思決定において、この要素は非常に重要です。優柔不断なマネジャーでは成果を残せなくなっていくの

です。

▶若手の育成や外部との
コミュニケーション専門のマネジャーが登場する?

　生成AIなどが進化すると、それまで「雑巾がけ的」に若手に与えられていた雑務は大きく減ります。そこで、育成のために必要になるのは早い段階で良い体験を積んでもらうことですが、良い一時体験を準備するのは非常に難しくなります。センスのいい若手であれば自ら有益な仕事を生み出せるかもしれませんが、そのような人はごく一部でしょう。

　大手コンサルティングファームのボストン コンサルティング グループ（BCG）も、実践的なトレーニングを与えることは難しくなると指摘しています。そこで出てくる仮説が、人工的なトレーニングの場を作る専門的なマネジャーの登場です。場合によっては外部機関と協力して、より効果的なOFF-JTの機会を生み出し、そこで若手を鍛えるわけです。

　外部とのコミュニケーションの専門家のようなマネジャーも増えるかもしれません。対人コミュニケーション業務も複雑になるからです。生成AIを用いたチャットボットなどが増える一方で、それで満足しない顧客も増えることが予想されます。

　ここまでは基本的にジェネラリスト的なマネジャーに必要な素質について見てきましたが、何かの分野に特化したマネジャーが生まれる可能性もあります。そうした特化型マネジャーと協業する能力が重要となる場面もあるかもしれません。

> **Point**
>
> ☑ マネジメントをするうえで言語化能力や信頼の獲得が重要となる
> ☑ リソース調達力や高速の意思決定力の重要度が上がる
> ☑ 専門分野のマネジャーが生まれる可能性がある

実践難易度 中〜難

理解難易度 易〜中

Section4

マネジャーも個性重視の時代に

そうした専門のマネジャーが増えれば、ジェネラリストの管理職の需要は減るかもしれません。また、その中での優勝劣敗はより鮮明になるでしょう。

これまでは、管理職全員をあるべきスペックに引き上げようという意識が多くの企業にありました。今後は、この分野が得意なマネジャーと、別の分野が得意なマネジャーといったように、マネジャータイプのバリエーションも増えていくでしょう。現代の若者は、どんどん個性を伸ばせという育て方をされています。求められる理想の人材に全員なるべきとは最初から思っていないのです。

高齢者、女性、外国人といった多様な人材が増えたときに、皆同じになれないという側面もあります。たとえば外国の人材が増えたときに、日本のあるべきマネジャー人材像は役に立たなくなるかもしれません。

そうすると、マネジャーがなすべき育成も、「あなたはやるべきことのA、B、C、D、EのうちBがあまりできていないからBを頑張ろう」という話にはなりません。「あなたはCとDが得意なタイプだからCとDをさらに伸ばして結果を出そう」という話に変わっていきます。個人の良さを見抜くことが、マネジャーにとっても、その上の上級マネジャーにとっても重要度を増すのです。

すでにそのような発想で人材開発に取り組んでいる企業も徐々に登場しています。実践的なOFF-JTトレーニングや、自分をシャドウイング（社員が上司の仕事に「影」のように同行して学ぶ育成方法）させたときに本人がどう反応したかなどを的確に見抜くことで適性を把握し、本人の意向も確認したうえで育成しキャリアプランを話し合うことが必要となるでしょう。

▶ 多様性ゆえに、メンテナンス機能(集団維持機能)を 強化してエンゲージメントを上げる

　人材の多様性が増すと、その人が会社にいる時間や意義は1人ひとり変わってきます。「ワークライフバランスは大丈夫ですか?」「副業との兼ね合いは大丈夫ですか?」「会社側のルールに照らして大丈夫ですか?」といったことを各人の状況に合わせて配慮する必要があるのです。

　昨今、従業員のエンゲージメント（従業員が会社に対して愛着を感じたり貢献したいと思うこと）の高さが業績と強い相関があることが示されています。そしてエンゲージメントを上げられるマネジャーは、部下や関係者を単なる機能ではなく、1人の人として見ることのできるマネジャーです。1人の人間としてちゃんと配慮をしたうえで、仕事全体を把握し、個々人に割り振ることができるマネジャーがパフォーマンスを残しやすくなるでしょう。

　実際、特にリモートワークやバーチャルワーク下においては、こうした部分に関する配慮が重要な意味を持つことがわかってきています。マネジャーがうまく配慮の言葉なり質問をかけられるとエンゲージメントが上がるのです。

　聞き方の工夫は必要ですが、「在宅勤務で不都合はない?」あるいは「働く場所とか労働環境は快適?」といったようなことを聞いて損はありません。むしろ、そうした声がけができていないとチームのパフォーマンスが下がってしまうのです。

　一方で、全員がリアルで会ったときの一体感づくりなども非常に大切です。盛り上げるためのイベント的なものを用意したりすることで、良い体験を作ってあげることも検討する必要があります。「部下の体験設計」という概念はまだなかなか浸透していませんが、チームとしての求心力を上げるうえでもこれは大切です（昭和の頃の「飲みニケーション」にも当時は一定の効果があったのです）。

　現代はウェルビーイング（心身の健康と幸福を総合的に感じる状態）が注目され

る時代です。テクノロジーが進化して皆が恐れを抱き、また疲弊しがちな時代だからこそ、ウェルビーイングやエンゲージメントに対する細かな目配せが必要となるのです。

Point

- ☑部下もマネジャーも個性を伸ばすことが重要になる
- ☑多様な他者への配慮がより重要になる
- ☑個性が多様化するからこそ、組織のウェルビーイングを高める努力が求められる

Part2 アドバンストスキル

テクノロジーを
知っておくことで
出せる価値

ビジネスチャンスを見出し、
実現する

本章では、ビジネスチャンスを見出して、それを新事業として実現するという営みについて解説します。新事業は、大企業の中の新事業とベンチャーの両方を含みます。また、基本的にはIT関連のビジネスを前提とします。

　なお、新事業の難しさは、構想段階、導入期、スケールアウト期でそれぞれ変わってきます。本書では主に構想段階や導入期をイメージしながら議論を進めます。スケールアウト期、特にその中後期以降独自の難しさである組織運営の高度化やマネジャーの採用、プロセス等の標準化、あるべきリーダーシップの変化などはベンチャーマネジメントの専門書をご参照ください。

顧客ニーズに敏感になる

実践難易度　中〜難
理解難易度　易〜中

▶ ほとんどの失敗は顧客ニーズの見誤りから

新事業において失敗する典型的なパターンは顧客ニーズの見誤りです。「こんな技術で良いプロダクトを提供したら絶対に売れるはず」というのは思い込みに過ぎません。もちろん、それで成功したプロダクトも少なくはないですが、成功確率は小さくなります。

たとえばかつてある家電メーカーは、外出先から温度の操作ができる冷蔵庫を作ってプレスリリースを出したことがありました。ただ、空調のオンオフや温度操作ならともかく、冷蔵庫の温度操作を家の外からやりたいという人はきわめて少ないでしょう。ネットでも「どこにそんな需要があるんだ」などと揶揄されました。音楽も聴ける冷蔵庫というものもありますが、冷蔵庫に本来求められる以外のそのような付加機能に新たに数万円の対価を支払う人は稀でしょう。少し考えればわかることでも、往々にして人は顧客ニーズを無視してしまうのです。

なぜこのようなことが起こるかというと、特に大企業の場合、多くの技術者が自分の技術に囚われすぎているからです。「この技術を使えばこれができるから作ってみよう」という発想になりがちなのです。

俗に言う「ヒラメ思考」の影響もあります。新事業や新しいプロダクトを作るときに、顧客の顔も見たことがない上司やその上司が閃いたアイデアをそのまま実行に移してしまうことが少なくないのです。

自分が欲しいものだから、世の中にもニーズがあるはずという発想も大抵の場合は危険です。そうした人であっても、友人などにヒアリングをして

ニーズを確認することは多いのですが、人間は往々にして自分と似た志向・嗜好の人に取り囲まれているものです。それゆえ、局所的なニーズを世の中全体の潜在ニーズと勘違いしてしまうことが少なくありません。

　また友人にヒアリングした場合は、相手が自分に遠慮して正直なフィードバックをくれないこともあります。「そういうプロダクトがあったら売れるかもね」「悪くないんじゃない」という言葉を真に受けることは危険なのです。

　重要なキーパーソンの声を聞いていないというケースも多くあります。特にBtoBのプロダクトの場合、システムを選択したり、購入を承認したりするのは、エンドユーザーではありません。想定するエンドユーザーがプロダクト案を気に入ってくれたとしても、購買意思決定者にその価値が理解されなければ購入には至らないのです。BtoBのプロダクトは通常、情緒的価値の比重は低いですから、売上高向上やコスト低下など機能面の価値を何らかの前提を置いて試算し、費用対効果を示して議論することが効果的です。

　イノベーター顧客（マニア）やアーリー・アダプター（早期受容者）の中でも先端的な人々のみをヒアリングなどの対象としてしまうという失敗もしばしば起きます。彼らは事業を構想するうえでもちろん大切ではありますが、あとから購入する一般人とは異なるニーズを持っていることが多いものです。それゆえ、彼らの声だけをヒントにしてプロダクト開発を行うと、市場に十分に浸透しないことも多くなります。

▶ 潜在的な顧客ニーズに気づく

　どうしたら顧客の潜在的なニーズに気づくことができるでしょうか。ここでは6つの典型的な方法を紹介します。

1. 愚直に潜在顧客の声を聞き、行動を観察する

　これは6つの中でも最も基本的かつ重要な手法です。潜在顧客の声を聞く

方法としては、アンケートやヒアリング、フォーカスグループインタビューなどの方法があります。これらの手法を採用する際には、誘導尋問にならないことが重要です。「このような機能があったら嬉しいと思いませんか」や「お困りなのはこの点ですよね」と聞くのではなく、「どのような点に問題を感じていますか」あるいは「これができたら嬉しいと思う点は何ですか」など、オープン形式の質問を多用しましょう。

そうしたヒアリングの中で、「不」の文字と関連するキーワードが出てきたら、そこに潜在ニーズがある可能性があります。「不満」「不安」「不安定」「不平等」「不在」「不均衡」……など、「不」は困りごと、すなわち潜在ニーズの宝庫です。婚活用のマッチングアプリが流行っていますが、それは「結婚相手を見つけられない」という根源的なニーズに加えて、「自分の期待するスペックの相手が他のサービスでは少ない」「自分がイメージするプロセスを提供してくれるサービスが少ない」という困りごとをビジネスにつなげたとも言えるわけです。

2. すでに存在している競合のプロダクトや企業の評判を知る

昨今では、口コミサイトなど、ネットにおいて競合のプロダクトに関する情報が手に入るようになっています。そこで多数見られる不満の声をヒントに自社独自の新プロダクトや新事業の構想を考えると効果的です。

また、ターゲット顧客が競合のプロダクトをどのように使っているかを観察することも有効です。普段通りに使ってもらいながら、気に入っている点、嫌いな点、困惑した点などを話してもらうと顧客自身も気がついていない潜在ニーズに気づけることがあります。たとえば会計ソフトの弥生会計はかつて、PC向けのインストール型のプロダクトを家電量販店経由で売っており、イノベーションのジレンマ（Chapter5、138ページ参照）に陥っていました。その間隙をついたのがクラウドをベースとしたfreeeやMoneyFowardといったベンチャー企業です。

3. 海外の先進事例を学ぶ

Chapter5でも触れた「タイムマシン経営」は新事業を考えるうえでも非常に有効です。ビズリーチやSmartHRなどのビジネスモデルは、同様のものがすでにアメリカにあり、それを日本向けにアレンジしたものと言えます。

その他にも、アメリカではRent the Runwayという企業があります。これはフェイスブックが広まったことによって生じた、同じドレスを2度着たくない（同じドレスの写真を2度は出したくない）という若い女性の心理を捉えたレンタルサービスです。日本ではエアークローゼットがそれを意識してビジネス展開をしました。自分たちには発見しにくかった潜在ニーズを海外企業が先に発見して事業化しているというケースは多いのです。

その際、単に国内でネット調査を行うだけではなく、可能な限り現地に行ってそのビジネスに触れる、あるいは経営者と直接話してみることが非常に効果的です。実際に話をしてくれる経営者も少なくないようです。

なお、海外で先行したからといって、必ず日本でもうまくいくわけではないという点は意識しましょう。たとえばPatientsLikeMeと呼ばれる、アメリカで成功した、患者向けのSNSがあります。似たようなビジネスモデルにチャレンジする起業家もいますが、日本では患者のコミュニティが複雑であったり、関係者の権利関係が複雑であったりという理由からPatientsLikeMeほどの広がりを見せている企業はありません。

4. 新技術や顧客の行動様式のトレンドを丁寧にウォッチする

たとえばミクシィが展開している「みてね」というサービスは、スマートフォンで撮った子どもの写真や動画を簡単に共有、整理できるサービスです。自分の子どもの成長を写真として残しておきたい親だけではなく、孫の成長を見たいおじいちゃんやおばあちゃんに強く支持されています。このサービスが広がった背景には、日本の60代や70代の過半数がスマートフォン利用者となったという事情があります。

テクノロジー（4Gや動画）とエンタメを掛け算して生まれたANYCOLOR
のような企業も、テクノロジーのみならず、YouTubeという巨大プラット
フォームにおけるエンタメの変化（視聴者と動画提供側の嗜好、動向の変化）を機
敏に捉えた例とも言えます。

　「こんなふうに技術や社会が変われば、こんなニーズも生まれるのでは」と
いう発想力が大切となります。その際、Chapter5で触れたように不可避の
トレンドを参考にするとよいでしょう。

5. 規制緩和の動きに注目する

　日本は比較的規制が強い国で、それがイノベーションやイノベーション浸
透の壁となっています。たとえばライドシェアサービスはタクシー業界に配
慮した規制によってなかなか浸透していません（ただし最近は178ページで後述
するように状況も変化しつつあります）。

　ただ、逆に言えば、規制緩和が起これば、そこに一気にビジネスチャンス
が生まれる可能性があります。企業化やデジタル化の遅れている医療サービ
スや農業などは狙い目と言えるでしょう。難しいのは、政治家や官僚などは
既存勢力の代弁者となりがちだという点です。そこに能動的に働きかけてい
く姿勢も大切と言えるでしょう。たとえば速度規制によって浸透が遅れてい
た電動キックボードでは、国内事業者が2019年にマイクロモビリティ推進
協議会を作り、各種関係団体との調整を経て、2023年に法改正に成功して
います。

6. すでに顕在化しているニーズをITで代替できないか検討する

　これは2と4の複合とも言えます。かつてカメラメーカーは、光を採り込
む量を多くすること、レンズを大きくすることで顧客ニーズを満たしてきま
した。大きく、広げる方向に付加価値をつけて高く売ってきたのです。しか
し、今のスマートフォンのカメラは逆の方向に向けて動いています。レンズ
は小さいままで広角も撮れるように性能を上げました。そして、従来のカメ

ラファンが喜ぶことを、レンズに関するアナログの技術ではなく、画像処理技術ですべて代替していったのです。

その背景には写真というものに対する利用方法の変化もあります。いまや写真をプリントアウトして手元で保存したり、誰かにあげたりすることはほぼなくなりました。見せるメディアがスマートフォンやタブレット、パソコンなどに移行しています。自分で撮った写真をさまざまなメディアで見たり、届けたい相手のメディアに共有したりという新たなニーズに合わせたサービスをITの力を借りながら追求すれば大きな市場を生み出せるのです。

▶ 潜在的市場規模を見積もる

潜在ニーズ、そしてある程度のプロダクトイメージが湧いたら、簡単でいいので想定市場規模を推定してみます（同時並行的に、次項のプロトタイプとMVP活用のステージに入ることもあります）。どれだけ面白いソリューションであっても、最初にターゲットとする市場が小さい場合や、顧客層を拡大するための仮説がなければ、失敗の可能性が高まります。ベンチャー企業の場合は投資家からの資金も集めにくくなります。

市場の規模を求める際には、想定される単価に、自社のプロダクトに興味を持つ可能性のある見込み客数を掛けるのが、単純ですがわかりやすい方法です。その際には、自分が動いて集めた調査結果や公表データなど、説得力のあるデータを用いるのが基本です。すでに先行プロダクトがあり、そのニーズを代替するケースなどは比較的試算がしやすくなります。

この際、現実的な数値と、最大限うまくいった数字の両方を試算してみましょう。後者はステークホルダーと大きな夢を共有するのに役立ちます。

▶ プロトタイプとMVPを活用する

プロトタイプ（試作品）は、最初から作り込みすぎる必要はありません。初期段階ではラフスケッチでもかまいません。もしそのアイデアに対する評価が高ければ、徐々により本物に近いプロトタイプとしていきます。そのう

えで以下のような質問を想定ユーザーにしてみましょう。

- このプロダクトはどんなときに必要となると思いますか?
- このプロダクトを使用／購買するうえで、どのようなハードルがありますか?
- 何か足りていないものはありますか?
- 何か取り除いてもいいものはありますか?

プロトタイプの検証を重ねた次の段階がMVPのテストです。MVPとは、Minimum Viable Productの略で、顧客に価値提供するうえで最小限の特性や機能を備えたプロダクトのことです。特にリーンスタートアップ（最小限のリソースで仮説を立て、製品を素早く市場に投入し、フィードバックを基に改善を繰り返す起業手法）が多用されるITサービスでは効果的です。

MVPがそれまでのプロトタイプのテストと異なるのは、現実の世界で実際の想定顧客に利用してもらうという点です。極力無駄な努力を少なくしつつ、顧客のフィードバックを得るのがその狙いです。

MVPのテストは商材の特性によっては必ずしも必要というわけではありません。たとえば新型の風力発電機でMVPテストを行うのは難しいでしょう。しかし、MVPを準備するためのコストや時間がそれほどかからず、また実際のプロダクトの市場導入に悪影響をもたらさないのであれば、プロダクトの訴求力などを確認するうえで、非常に役に立つ手法です。

> Point
>
> ☑企業側の論理を優先させた発想は失敗しがち
> ☑さまざまな手法によって潜在ニーズをいち早く見つけることが大切
> ☑プロトタイプやMVPを活用することで、より効率的に新事業を生み出せる

Section 2

ビジネスモデル、エコシステムを構想する

▶ ビジネスモデルを考える

　顧客の潜在ニーズに気がつき良いプロダクトを構想したとしても、良いビジネスモデルを構築できないと勝てません。ビジネスモデルは、端的に言えば「誰に何をどのように売るかということに、『儲け方』を加味したビジネスの仕組み」のことです。

図7-1 ビジネスモデルキャンバス

KP キーパートナー	KA 主要活動	VP 価値提案	CR 顧客との関係性	CS 顧客セグメント
キーパートナーは誰か? ●取引先 ●小売店 ●仕入れ先 ●業務委託先 ●設備提供者 ●資源提供者	**主要活動は何をしているか?** ●事業内容 **KR** キーリソース **主要リソースは何か?** ●人(従業員) ●物(設備) ●金(資金) ●情報	**顧客に何を提供できるか?** ●顧客にとって有益な商品 ●顧客をサポートするサービス	**顧客との長期的な関係構築は?** ●継続性 ●対面・間接 **CH** チャネル **価値をどうやって届けるか?** ●広告 ●チラシ・新聞 ●ホームページ ●無料セミナー ●展示会	**顧客は誰になるのか?** ●男性 ●女性 ●20代・30代・40代 ●職業 ●ニーズ

CS コスト構造	RS 収益の流れ
どのようなコストが発生するか? ●人件費 ●広告宣伝費 ●外注費 ●設備費用 ●固定費	**提供した価値の見返りは何か? その流れは?** ●商品、サービスの利用購入による収益 ●メールマガジン購読 ●ユーザーの獲得

出所:『ビジネスモデル・キャンバス徹底攻略ガイド　企業、チーム、個人を成功に導く「ビジネスモデル設計書」』（今津美樹著、翔泳社）をもとに作成

図7-2 ビジネスモデルキャンバスの例（Spotify）

KP	KA	VP	CR	CS
キーパートナー	主要活動	価値提案	顧客との関係性	顧客セグメント
Key Partner	Key Activity	Value Proposition	Customer Relationship	Customer Segment
・各種レーベル ・アーティスト ・ポッドキャスト提供元 ・広告主	・コンテンツライセンシング ・プラットフォームの開発・維持 ・データ分析	・数多くの音楽／ポッドキャスト ・個人に最適化されたプレイリスト ・オフライン再生	・レコメンド機能 ・カスタマーサポート ・プラットフォーム提供	・音楽が好きな人 ・ポッドキャストのリスナー ・アーティスト ・レーベル

	KR		CH	
	キーリソース		チャネル	
	Key Resource		Channel	
	・多くの音楽／ポッドキャスト ・ユーザーデータ ・テクノロジー		・アプリ ・Webサイト ・スマートスピーカーなどのパートナーデバイス	

CS コスト構造	RS 収益の流れ
Cost Structure	Revenue Stream
・ライセンス料　・マーケティング　・サーバー ・プロモーション　・インフラ　・研究開発	・サブスクリプション　・広告収入

出所：「KNOWLEDGE　ビジネスモデルキャンバスとは　6社の具体的な例から見る作り方のススメ」
（https://sevendex.com/post/27349/）

　新規事業策定の領域でよく用いられているフレームワークにビジネスモデルキャンバス（図7-1）があります。社内の新規事業であってもこれを用いるとビジネスの具体像が検討しやすくなります。現実によく用いられていますし、書き込まれた事例をネットで検索することもできますので、まずはこのテンプレートを用いてビジネスモデルのラフスケッチを描き、仮説検証を繰り返すことによってブラッシュアップしていくと効率的でしょう（図7-2）。

　もちろん、用いるフレームワークやテンプレートはこれでなくともかまいませんが、重要な見落としがないことが大切です。

▶ ビジネスモデルに関してよくある落とし穴

すでに顧客イメージとプロダクトのラフイメージについては述べましたの

で、ビジネスモデル構築でよくある落とし穴について述べましょう。ここでは2つ紹介します。

　1つ目は、パートナーやチャネル選定の失敗です。まず、大手企業の新規事業の場合は、自前主義ですべてをやろうとして、必ずしも効果的ではないビジネスモデルになってしまうことがあります。どうしても発想が現在のリソースありきになってしまうのです。そうではなく、顧客にしっかり価値提供をするうえで足りていないピースを見つけ、そのピースを提供してくれるパートナーを探す必要があります。

　ベンチャー企業の場合は、リソース面のしがらみはないのですが、相手が自社と組むことにメリットを感じない、あるいは本来はWin-Winの関係を構築できるはずなのに、リスクが高いため相手がそれを避けるということが生じがちです。抽象度が高いレベルではビジネスモデルキャンバスを描けても、実際の理想の相手が必ずしも応じてくれるわけではないのです。そこでしばしば好ましくないパートナーやチャネルで妥協してしまい、ビジネスを失敗に導くことがあります。

　2つ目は、収益化（マネタイズ）やコスト構造、あるいは投資回収に対する詰めの甘さです。たとえば動画やSNSの新サービスを構想したとして、収益モデルを広告モデルとするのか、それともサブスクリプションモデルとするのか1つとってもその意思決定は難しいものです。よりシンプルなプロダクトであっても適切な価格設定は容易ではありません。

　費用についても、ハイリスクではあるもののコントロールの利きやすい固定費型で行くのか、ローリスクではあるもののコントロールの利きにくい変動費型で行くのかは判断が難しいところです。投資回収のシミュレーションはしていたとしても、撤退（すなわち失敗を認めること）の明確な線引きをしているケースは必ずしも多くはありません。

　ビジネスの成否は突き詰めればお金に帰着する部分が大です（もちろん、お金儲けのためだけにビジネスをするわけではありませんが）。その部分を煮詰めないままビジネスを始めると、せっかくの良いプロダクトであっても、期待する

金銭的なリターンが得られません。

▶ エコシステムを意識する

エコシステム（生態系）はもともと生物学などの用語ですが、それがビジネスにも転用されるようになりました。

特にIT関連のビジネスでは、オーソドックスなサプライチェーンに加え、116ページで示したようなレイヤー構造が掛け算で効いてきます。その中で自社をどこに位置づけるのか、あるいはどのようなWin-Winの関係性を他のレイヤーや機能を担当する企業と構築するかが大きなカギとなってきているのです。

たとえば117ページで紹介したアップルは、iPhoneビジネスについて、レイヤー面ではハードとOS、マーケットプレイス（App Store）、一部のキラーアプリなどの提供に特化しました。またバリューチェーンの観点では生産をEMS（電子機器受託製造）に委託し、ファブレスメーカー（生産を行う施設を自社で持たない企業）となっています。そのようにiPhoneの活動領域を絞りつつも、アプリのベンダーなどにアップルのプラットフォームを提供することで、「iOS生態系」とでも言うべきエコシステムを作り、その中において中心的な地位を築いたのです。

そしてその力を活かし、iPadやApple Watchでも強い地位を築いています。実はすでに腕時計産業においては、アップルが金額ベースでロレックスを抜いて世界一となっています。たとえば走ることを趣味とするランナーの間ではガーミンのスマートウォッチがもともとは人気でしたが、他のアップル製品を使っている人は、スマートウォッチもApple Watchの方が便利と考えてしまうのです。

アップルほどの劇的な成功は稀な例かもしれませんが、日本企業でもエコシステムは強く意識されています。たとえば自動車会社はCASE（Connected、Autonomous、Shared & Services、Electric）の概念をベースに、新しいモビリティ（移動）のエコシステムを構築し、新たな事業機会を生み出すことを表

明しています（CASEについてはChapter10、226ページを参照）。

　自社単体で考えるのではなく、一歩引いて顧客への価値を最大化する視点から業界を俯瞰的に眺める思考が大切になっています。レイヤー構造をとりやすく、またネットワークの経済性などによって一気に好循環構造が生じやすいITビジネスにおいてはこの考え方は特に重要です。

　なお、日本企業の課題として「ルールメーカーになれない」という問題があります。欧米企業が作ったルールのうえで戦う立場に追いやられているということです。日本が強いとされる製造業ですら、ISO（International Organization for Standardization：国際標準化機構）については欧米企業に主導権をとられてしまいました。これは言語や地理的な壁、あるいは国民性もあって一朝一夕に解決する課題ではありませんが、何か手を打つ必要性はあります。自らがどんどんイニシアチブをとり、ゲームのルールを作る気概を持つことが第一歩といえるでしょう。

　ビジネスにせよゲームにせよ、「ルールに従う人よりも、ルールを作る人の方が強い」という事実を強く意識したいものです。

Point

- ☑ 顧客とプロダクトのみではビジネスのピースは揃っていない
- ☑ 特にITビジネスではエコシステムを構想し、好循環構造を回すことを意識する

実践難易度　難
理解難易度　易〜中

Section3

自ら価値創造に向けて動く

　日本企業、さらには日本人の大きな弱点は、アメリカ人と比べると、リスク回避的であるということです。別の表現をすればアントレプレナーシップの欠如です。既存の企業文化の側面や社会制度の問題もあるので一個人ではどうしようもない面もありますが、それでも企業の内外にアントレプレナーが増えないことには、新事業創出はなかなか進みません。この課題をクリアするためのポイントをここでは5つ紹介します。

　まずは学び続けることです。オンラインコースやセミナー、書籍、知人からの情報収集などを通じて最新のビジネストレンドや技術トレンド、他業界の知識を学ぶことで新事業に対する自信を持てます。不確実性ゆえ100%の成功が保証されることはありませんが、それでもこれらの知識の豊富さは成功確率を高めます。

　2つ目は、小さな成功体験をまず積んでみることです。いわゆるスモールサクセスによって自信をつけるのです。すでに何度も触れたように、社内の小さなIT関連プロジェクトなどに手を挙げて参加するなどは効果的です。段階的に大きな挑戦に取り組むことで、リスク-リターンに対する感度を上げることもできます。

　3つ目は、メンターを持つことです。ベンチャーを志す人であれば起業家、社内ベンチャーを起こしたい人であれば社内で成功した人などと接点が持てないか試してみましょう。可能であれば複数人のメンターがいるとさらに心強いでしょう。幸い、多くの場合彼らは、後進に温かいアドバイスをくれるものです。新事業にはさまざまな難しさがありますが、そうしたときにメン

ターからアドバイスや励ましの言葉をもらえることは、新事業を志す人を大きく勇気づけます。時には重要なキーパーソンやパートナーを紹介してくれることもあります。

4つ目は逆転の発想を持つことです。レモネードの原則というものがあります。困難な状況や逆境を発想を変えて活かすという考え方です。予算が限られているのならば、費用の安いベンチャー企業と協業し、かつ彼らの感性を活用しようと発想したりするわけです。

5つ目は目の前の機会や自分が持っているリソースを利用して、前に進めようとする意識を持つことです。従来の事業計画では早い段階で凝り固まった計画を立てようとします。それに対し、新規事業では目の前の機会を利用し、そこで得られるフィードバックをベースに方向性を修正していきます。

すなわちあらかじめすべてを決めてしまうのではなく、状況に応じて俊敏に動くわけです。不確実性が高い状況や情報が不足しているケースにおいて、このやり方はリスクを低くし、成功確率を高めます。この4つ目と5つ目の意識は、エフェクチュエーションと呼ばれる、優れた起業家に共通する発想の一部です。たとえばコードアカデミーという企業は、プログラミングで困った起業家が、自分でプログラミングを学ぼうとしたことがきっかけで生まれました。まさにエフェクチュエーションの考え方を活用したのです。

column
新事業創出に向けての日本の弱点

　本書の想定読者は一般のビジネスパーソンですが、社会が変わらないと自分一人では大事を成しにくいという側面もあるので、ここでいくつかの日本社会の問題点を挙げておきます。これらを変えるのは大変な営みですが、ぜひ1人ひとりが当事者として考えてほしいと思います。

　第1に、企業としても国としても人材にお金をかけなさすぎです。

OECD加盟国の中でも社会人が最も学ばないのが日本と言われています。優秀な人材にお金を回し、活躍できる素地を作ることが必要です。

　第2に、若い頃からのキャリア教育が十分ではありません。たとえば高校時代に最も高いSTEMの潜在能力を持った人材が、日本ではかなりの部分が医師の道に進んでしまいます。もちろん医師も大切な職業ではありますが、産業の国際競争力にはそれほど寄与しません。人材しか資源がないとも言える日本において（もちろん観光資源などの資源もなくはないのですが、天然資源などには恵まれていません）、この人材の偏りは好ましいことではありません。いまや英語さえできれば、STEM人材がアメリカで30万ドルや40万ドル程度はすぐに稼げる時代です。グローバルを見据えたキャリア教育が求められます。

　第3に、使命を終えた（衰退期に入った）ゾンビ企業が残りやすい社会制度になっています。そして少なからぬ優秀な人材がそうした企業に就職しています。ダメな企業はどんどん倒産したり売却や事業再編されたりすることで新陳代謝が起こるのが本来の姿です。

　第4に、仮に失敗に終わってもそのプロセスを評価する制度や仕組みが多くの組織で不足しています。愚かな失敗は非難されても仕方ありませんが、賢い賭けが裏目に出たとしても、それを低く評価するのは間違いです。

　第5に、そもそも新事業は失敗して当たり前という意識が弱すぎます。最初から成功確度が高いビジネスは往々にして小粒なものです。小さい成功確率の下で、うまくいっているところに一気に投資をするといった経営者の意識変容が必要です。

　最後に、ゼロリスク志向が強すぎます。ゼロリスクはむしろ高コストになって見合わないという意識が必要です。自動運転などは一

アドバンストスキル：テクノロジーを知っておくことで出せる価値

定の事故は発生するものです。それを許容する文化も必要でしょう。「何かあったらどうするんだ文化」とも揶揄される日本的なマインドでは世界にどんどん取り残されるという意識改革が必要です。

Point

- ☑学習し、行動し、メンターを得ることで自信を持てる
- ☑問題をつぶしてから行動するのではなく、やれることをまずは小さくやってみる
- ☑構造的問題も多いが、それを言い訳にしないことも大切

理解難易度　易〜中
実践難易度　難

新事業で
社会課題を解決する

Part 2
アドバンストスキル：テクノロジーを知っておくことで出せる価値

　かつて東京大学総長だった小宮山宏氏は在任中の2000年代後半、日本は課題解決先進国になるべきと主張しました。少子高齢化をはじめ、社会課題を新事業で解決できれば、単に金銭的リターンを得られるだけではなく、企業のブランドイメージも上がっていきますし、従業員のモチベーションにも好影響を与えます。

　一方で、社会課題にはビジネスによる解決の難しさがあります。第1に、そうした課題のある領域には往々にして規制が強く残っています。規制緩和のタイミングなどを正確に見極めないと、労力の割に低いリターンに甘んじざるを得ません。規制の内容を正しく知るとともに、周辺の動きを丁寧に追っていきましょう。

　第2に、そうした領域では新しいサービスに対して、利用者に心理的な障壁がある場合があります。たとえばITサービスなどは、高齢者にはなかなか受け入れられないかもしれません。ただ逆に言えば、それを解決すること自体がビジネスになりうるかもしれません。

　第3に、社会課題は意外に可視化されていないという問題もあります。たとえばアンビスホールディングスの「医心館」という会社は、慢性期、終末期の看護、介護ケアに特化し、病院の「早く退院させたい」というニーズと家庭側の「受け入れる余力がない」というニーズのミスマッチを見出すことで伸びています。一方で、ある病院が、誰も受け取り手のない認知症や精神病の患者を必要以上に長期入院させて、薬漬けにするという事件がありました。ただ、こうした事件が表に出てこないと、多くの人はその社会課題を知

りえないのです。事件が起きていない段階から社会課題に対して敏感になっておくことが、ビジネスチャンスを広げます。たとえば、一部の人々の貧困化なども、まだ気づかれていないITの力で解決できるニーズは多々あるでしょう。

　幸い、社会課題の解決に向けて追い風も吹いています。たとえば日本政府もインパクトスタートアップを支援する姿勢を明確に打ち出しました。

　また、日本全国でいきなり展開するのが難しいことでも、特区やそれに準ずる地域で実験するということがかつてよりもやりやすくなっています。たとえば浸透が遅れていたライドシェアも、公共交通機関のない過疎地など一部の地域で一般のドライバーが住民を運ぶことは可能になっています。2024年4月からは、その範囲はさらに広がります。

　さらに、事業者単位の規制改革推進に向けた、グレーゾーン解消制度・プロジェクト型「規制のサンドボックス」・新事業特例制度も生まれています。そうした制度を賢く使ったり、使えるように行政に働きかけたりすることも必要です。

Point

- ☑ 社会課題を解決するビジネスに取り組むことにはさまざまなメリットがある
- ☑ 社会課題ならではの難しさや進め方の工夫、関連制度の動向も理解しておく

顧客に対する提供価値を
劇的に向上させる

本章では、企業がキャッシュを獲得するうえでも最も重要な活動の1つであるマーケティングにフォーカスを当て、ITの力で顧客に対する提供価値を高める方法論について触れます。マーケターはもちろん、サービスフロントに立つ人やプロダクト開発担当者、エンジニアの方にもぜひ読んでいただきたい章です。

Section1

理解難易度 中
実践難易度 中〜難

マーケティング5.0の世界観

まず、「マーケティングと言えばこの人」とも言える、フィリップ・コトラーが提唱したマーケティング5.0について説明しましょう。本章は必ずしもこれを踏襲しながら議論を進めるわけではありませんが、マーケティングの大家がどのようなことを考えているのかを知っておくことは有効と考えますので、まずはそのポイントを紹介します。

すでにコトラーは2016年にマーケティング4.0を提唱し、デジタル時代のマーケティングのあり方について見解を述べました。そしてそこから5年後の2021年、さらに本書で説明しているようなITの進化に対応したマーケティング論を提唱しました。それがマーケティング5.0です。

マーケティング5.0は図8-1に示した5つの要素からなります。両端の2つの「規律」（データドリブン・マーケティング、アジャイル・マーケティング）と中央に円で囲った3つの「アプリケーション」（予測マーケティング、コンテクスチュアル・マーケティング、拡張マーケティング）からなります。現実のビジネスへの応用という意味では、3つのアプリケーションを意識することが大切です。

構成要素を順に紹介しましょう。コトラーが「規律1」としているデータドリブン・マーケティングとは、ビッグデータやAIを用いて意思決定を行い、最適化しようという活動を指します。まさにテクノベート・シンキング的な発想によるマーケティングです。

「規律2」のアジャイル・マーケティングは、分散型の組織によって、俊敏に動くことを意味します。アジャイルという用語はChapter3でも解説しましたが、本質的な部分は共通です。

「アプリケーション1」の予測マーケティングは、AIを活用し、顧客の動向

Part **2** アドバンストスキル：テクノロジーを知っておくことで出せる価値

図8-1 マーケティング5.0の構成要素

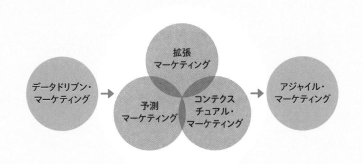

出所：『コトラーのマーケティング5.0 デジタル・テクノロジー時代の革新戦略』(フィリップ・コトラー他著、朝日新聞出版)

やマーケティング成果等を事前に予測するというものです。たとえば、USJは自社保有データと提携するクレジットカード会社の保有データを掛け合わせ、「3カ月以内に年間パスを購入する人」をAIで予測するモデルを作成し、分析結果を年間パスのプロモーションに活用しています。

「アプリケーション2」のコンテクスチュアル・マーケティングは、IoTやAIなどの技術を活用して顧客ごとにあつらえた（パーソナライズされた）体験をワン・トゥ・ワンで提供しようというものです。たとえばアメリカのプロスポーツの「スマートスタジアム」（ハイテク技術を取り入れたスタジアム）では、特定の観客にたとえば「5ドルでアップグレード」などとスマートフォンに表示し、申し込まれたらフィールド近くのもっと良い場所に移動できるといったサービスを提供しています。

「アプリケーション3」の拡張マーケティングとは、マーケティング生産性を向上させるためにチャットボットやVR、ARなどの技術を活用しようというものです。たとえば家具販売のIKEAは、顧客が自身の部屋を撮影し、それを基に正確な3Dデータを作成したうえで気になるIKEA製品を部屋の中に配置したり、既存の家具を消去してIKEAの家具と置き換えた様子がわかったりするアプリを提供しています。それによって、顧客は来店せずとも

IKEAの商品を吟味し購入の検討ができるのです。

　マーケティング5.0とは結局、近年さまざまな企業が取り組んでいる先端のデジタルマーケティングに他ならず、それを学者らしく体系化したものと言えるでしょう。コトラー自身は、「人間中心のマーケティング3.0とテクノロジーの力を活用したマーケティング4.0を踏まえた発展形」と表現しています。

　その目指すところは結局、パーソナライズされたコミュニケーションや体験、そしてそれによる感情的な結びつきの強化です。テクノロジーを使いつつ、人間の感情にも配慮し、企業と顧客の良い関係を築いていくわけです。組織の柔軟性やスピード、イノベーションの追求などを促進するリーダーシップなども重視されます。その典型例が先述したスマートスタジアムで

図8-2 スマートスタジアムにおける顧客体験

**典型的なスマートスタジアムではITを活用して、
単なる試合観戦にとどまらない体験価値を提供している**

1. スマホのアプリでチケットを購入
2. スタジアムへ車で行ったら、空いている駐車場所をスマホで確認して停める
3. 売店の前にあるサイネージでクーポンを発行しているので、スマホでゲット
4. スマホで自分のいる場所を検知して、席に誘導してもらう
5. 席に座ったら「〇〇ドルでアップグレード」とスマホに表示されたので、申し込んでフィールド近くの席に移動
6. 試合開始までの時間に、選手の過去のデータを見たりファン参加型のゲームをスマホで楽しんだりする
7. スマホでマルチアングル映像やリプレー映像を見ながら試合観戦
8. スマホで飲食物を注文・決済。売店でバーコードにスマホをかざし、注文した品を待ち時間なしで受け取る
9. 試合後はスマホで渋滞情報をチェック
10. 帰路が混んでいるので、スマホクーポンを使ってレストランで食事

出所：https://reskill.nikkei.com/article/DGXMZO21182680V10C17A9000001/をもとに作成

す。

マーケティングの第一人者が今まで以上にITをマーケティングの中心に据えていることは知っておいていいでしょう。

Point

- ☑ マーケティング5.0は、人間中心のマーケティング3.0とテクノロジーの力を活用したマーケティング4.0を踏まえた発展形
- ☑ 進化するテクノロジーの活用を前提としており、5つの要素からなる。特に3つのアプリケーションは知っておく

データで
パーソナライズを追求し、
顧客体験価値を高める

理解難易度 中
実践難易度 中〜難
Section2

Part **2** アドバンストスキル：テクノロジーを知っておくことで出せる価値

▶ 体験価値のパーソナライズ

　昨今のマーケティングの一大トレンドは、データを活用した、ワン・トゥ・ワンの体験価値の提供です。

　もともと体験価値のパーソナライズ化が先行したのは、パソコンやスマートフォンのアプリケーションです。たとえばアマゾンでは過去に購入したものや検索履歴などをベースに、ユーザーに最適化された画面が表示されます。レコメンデーションでついで買いをしたという人も多いでしょう。

　YouTubeも、過去の閲覧履歴等を参考に次の動画のレコメンドを行います。適宜入る広告も、ユーザーに関心がありそうなものが独自のアルゴリズムによって提供されます。私は広告をほとんど飛ばすのですが、時々関心のある広告が出てくることはあります。刷り込み効果はありますので、すぐに購買しないまでも、そのカテゴリーの商品を買うとなると、第一想起する可能性は高いと言えるでしょう。

　これらはデジタル空間で完結するサービスゆえにユーザーの行動に関するビッグデータがとりやすいというところからまずは進化したものです。今後も動画サービスやアプリ、SaaSといった、基本的にデジタルで完結するサービスについては、ビッグデータを活用することで、「ビッグデータ→より効果的なアルゴリズム→より良いサービス・顧客体験価値→顧客増→ビッグデータのさらなる増加……」という好循環を回していくことが求められるでしょう。

「アマゾンやグーグル、ネットフリックスの領域までは難しい」と思われる人もいるかもしれませんが、彼らも最初は小さなスタートアップでした。指

数関数的にテクノロジーが進化する中、費用対効果を見据えつつ、このような好循環を目指すことが、やはり競争上必要なのです。

▶ リアルの世界でのパーソナライズ

　一方で、今はさまざまなセンサーが安価になり、かつ性能が上がっています。ネットで完結しないビジネス（多くの製造業やサービス業）においてもリアルでの人間やモノの動きを捕捉することで、よりきめ細かいマーケティング施策を行い、体験価値を上げることができるようになっています。AIを活用した「テックタッチ」の経験と、「ヒューマンタッチ」の経験をほどよいバランスで提供することが、そうしたビジネスでは重要となります。

　たとえば建機大手のコマツは、日本における典型的なIoT活用の成功例とされます。21世紀初頭にはすでに自社の建機にセンサーを取り付け、「Komtrax」と呼ばれるシステムによって1台1台の製品の稼働を可視化しました。それを活用することで、スピーディな故障対応や、故障前のユーザーへの警告出しなどを可能にしたのです。そしてそれにとどまらず、建機そのものの効率化から、工事現場全体の効率化、そして生産性向上へと付加価値を広げ、顧客に対する体験価値も高めてきました。この取り組みは他企業でも参考になるでしょう。

　こうした動きはBtoC、BtoB問わず、あらゆるところで加速する見込みです。たとえば福岡県に本社を置く流通業トライアルカンパニーのスマートショッピングカートは、他社のショッピングカートの多くが決済機能のみにとどまっているのに対して、プリペイドカードの顧客情報や購買履歴などのデータに基づき、1人ひとりに最適な商品をAIが選択し、タブレット上でお薦めするレコメンド機能を搭載しています。また、適宜クーポンの発行なども行っています。

　今後は、料理に使う高級鍋なども、何回かの食事のメニューを記録したり使い方のデータを捕捉できたりすれば、好みのメニューをレコメンドしてく

れるかもしれません。

　あるいは、冷蔵庫内にセンサーがつけば、「この商品がそろそろ切れます」「この商品が賞味期限まで1日です」「こうした食品を買うともっと健康的な生活ができます、レシピは……」といったレコメンデーションができるようになるかもしれません。

　1社だけでは完結しない話も、個人情報保護法への配慮は行ったうえで、顧客にとってほどよい距離感をとりながら、驚きの体験価値提供を業界を跨いだ横連携で実現できる可能性は高まっています。個人の特定まではできなくても、マーケティングに役立てられる情報は多々あるのです。「はじめに」のSection3のストーリーで紹介した通信キャリアによる人流分析サービスも、個人情報保護法は守りつつ、顧客企業にとって有益な情報を提供している例です。

　なお、ここまではIoTなどを前提に議論してきましたが、それとは別のやり方によって顧客の嗜好に合わせパーソナライズすることもできます。アメリカのファッション企業THE YES（のちにSNS企業のピンタレストが買収）は、いろいろなブランドを組み合わせながら、顧客の嗜好やスタイル、顔の色、髪などに合ったファッション（アクセサリーなども含む）を、AIの力を用いて提案しています。衣装の組み合わせに悩む人などにとっては非常にありがたいサービスと言えるでしょう。

　特にZ世代とも呼ばれるデジタルネイティブの若い世代は、レコメンデーションに対する抵抗が少ないとも言われています。自分のこだわりがあるもの以外の買い物は、適当に見繕って提案してくれるということが、彼らの満足度を高めることにつながる可能性が高いのです。

▶ 機械が感情を読み取れる時代は来るか

　現段階ではいつ実現するかの正確な予測は難しいですが、より技術が進化して人の表情などをビッグデータとして解析することができれば、サービス業の接客等に活かせる可能性もあります（ただし、利用者の1人ひとりへ用途など

を説明し、同意をとる必要があります）。目の動きや声のトーン、顔の動き、体の動き等々のデータから感情や満足度を推測し、より適切なコミュニケーションやレコメンデーションを行うわけです。これも結局はAIの強みである学習と予測の力を使います。

　これまでは、こうした作業は人間の記憶や感性で行っていました。たとえばバーで、顧客のAさんがある表情をしていたら話しかけない方がいい、また別の表情をしていたらお気に入りの酒をお薦めするといいなどです。バーの世界では、「良いマスターとは、顧客に話しかけていいか話しかけない方がいいかが瞬間的にわかるマスター」という言い方もあるそうです。それを機械の力を借りて行うわけです。

　人間の感情は複雑ですから、もちろん当たり外れはあるでしょう（特に当初は）。ただ、顧客の同意が得られ、また結果として顧客のライフタイムバリュー（LTV：顧客がそのプロダクトを利用している期間にトータルでもたらしてくれるキャッシュ）が平均〇〇％増すのであれば、そのシステムを使おうということになるかもしれないのです。もちろん、顧客がそうしたバーに行きたいと思うかという別の問題はありますが、それに価値を感じる顧客が一定数以上いれば、ビジネスとして成立するかもしれないのです。

▶ コンテンツマーケティングに生成AIを活用する

　デジタルマーケティングの一要素にコンテンツマーケティングがあります。ターゲットユーザーに対し価値のあるコンテンツを発信することでファン層を増やし、最終的に売上増につなげるものです。これも長いスパンで見た顧客に対する体験価値向上につながります。

　これまではコンテンツマーケティングと言うと、提供者側から一方通行で発信するというイメージがやや強めでした。それゆえに、潜在顧客に関する理解や洞察、ユニークなコンテンツの提供、より多くの潜在顧客に刺さるコンテンツの分析などが強調されてきたのです。

　しかしこの世界観も生成AIなどで変わる可能性があります。生成AIや独自のアプリケーションを活用したチャットボットなどにより、個別の顧客あ

るいは顧客層が気に入る返答を返すことができるようになるかもしれないのです。

　一方で懐疑的な見方もあります。Chapter1でも触れたように、生成AIは「そこそこ悪くないコンテンツ」はコンスタントに提供してくれますが、エッジの立ったコンテンツや感情を揺さぶるコンテンツを作ることはまだ苦手としています。当面は生成AIはアイデア出しのツールとして活用し、人間がそれに手を加えて独自性を出すという時代が続くのかもしれません。

Point

- ☑ デジタルで完結するサービスにおいては、顧客体験価値を上げる好循環構造を回すことが必須
- ☑ それ以外のビジネスにおいても、データを用いることで、「テックタッチ」「ヒューマンタッチ」の両面から顧客の体験価値を高めうる

テクノロジーで
カスタマーサクセスを
支援する

実践難易度 中〜難
理解難易度 中

　カスタマーサクセスは、顧客が製品やサービスを最大限に活用し、好ましい結果を得ることを支援するものです。これによって顧客の体験価値が高まります。また、カスタマーサクセスを促す施策が奏功すれば、スイッチングコストも高まりますし、上級プロダクトへの移行の促進も容易になります。

　カスタマーサクセスはBtoCとBtoBの両方に当てはまる概念ですが、特にBtoBビジネスでは重要な意味を持ちます。ここではBtoBビジネスを意識しながら、それを効果的に行うためのカギを3つ紹介します。

　1つ目は、ネットやIoTを活用して、顧客やユーザーの行動をリアルタイムで追跡することです。そこで得られたデータを分析することで、顧客やユーザーが直面しがちな問題点や、潜在的なニーズを特定することができる可能性があります。

　たとえばあるタイプのユーザーが他のタイプのユーザーに比べて特定の使用シーンで時間を浪費していることがわかれば、その課題を解決することで、カスタマーサクセスをより効率的に実現できます。

　あるいは、ユーザーの利用パターンに基づいてパーソナライズされたアドバイスを自動的に送信するなども、カスタマーサクセスを促進します。教育サービスであれば、ユーザーの学習進捗状況や、問いに対して入力した解答のテキストデータを解析することで、タイムリーにヒントを与えるなどです。

　2つ目は、顧客に対するオンボーディングの充実です。オンボーディングは新人教育などでも使われる言葉ですが、端的に言えば指導や支援を行うことです。

たとえばオンライン上のチュートリアルや動画、FAQ、チャットボットなどのツールを充実させることは効果的です。また、過去の顧客からのフィードバックを踏まえ、これらのツールをバージョンアップさせていくことも大切です。

なお、ツールは量を増やして充実させすぎると顧客が何を見ていいのか迷子になることがあります。いたずらに量を増やすのではなく、最適な導線の設計や検索しやすさなどに意識を向ける必要があります。

3つ目は、顧客に対して改善点を伝えることです。せっかく何かを改善してもそれが顧客に伝わらなければ価値は半減しますが、顧客からのフィードバックを基にした改善策を伝えることによって、顧客ロイヤルティを高めることができます。

なお、これはコンピュータを用いて行うこともできますが、適宜営業担当者から直接伝えるといいでしょう。「○○さんのフィードバックのおかげで△△を改善することができました。ありがとうございます」などと声がけをされれば、顧客も嬉しく感じるでしょう。一緒に問題解決を行うパートナーであるという意識も持ってもらいやすくなります。

Point

- ☑ カスタマーサクセスは特にBtoBで大きな意味を持ち、またデジタル技術でそれを効率化しうる
- ☑ さまざまな仕組みを絶え間なく改善し続けることが大切

デジタル時代ゆえの インサイトの重要性

Section4

インサイトとは、消費者の深層心理や動機などに関する深い理解や洞察のことを指します。顧客自体も気がついていない購買動機などと言及されることもあります。

たとえば数十年前、定食店の大戸屋は、通常の定食店とは異なり、ビルの2階や地下1階に出店することが多々ありました。業界の常識では、集客のためには1階での出店がベストであり、実際に多くの競合はそうしてきました。ではなぜ大戸屋は2階や地下1階に出店したのでしょうか。その目的は女性の集客にあります。それまでの定食店のイメージは「食欲旺盛な男性がしっかりとお腹を満たす場所」というものでした。牛丼店ほどではないかもしれませんが、これではなかなか女性は入れません。さまざまな調査によって大戸屋は、「定食店で食事をしている姿を外から見られたくない」という潜在顧客に関するインサイトを得、女性客の獲得に成功したのです。

高級アイスクリームのハーゲンダッツも、「大人の女性の自分へのご褒美（それゆえ、子どもに食べさせるのはもったいない）」というインサイトに基づいたマーケティングを展開しています。

インサイトは、いわゆるマーケティング・ミックスの中でも、製品戦略やプロモーション戦略などによく活用されます。

本章のここまでの議論は、ビッグデータを活用することによるパーソナライズにフォーカスしてきました。一方で、ビッグデータに基づいた予測を得意とするAIが教えてくれない人間の深層心理はやはりあるものです。数字やデータの分析を超えた、人間の動機に対する深い理解は、新しいプロダクトの開発や顧客の信頼獲得、あるいは情報が溢れる時代の中での差別化にもつながります。逆説的ではありますが、インサイト重視のアプローチは、デ

ジタル偏重時代のマーケティングへの対抗手段にもなりうるのです。

　また、そもそもデジタルマーケティングといっても、AIに命令を与える
のは人間ですから、やはり人間に対する理解は必要です。それを抜きにして
は、AI≒機械学習に誤った学習をさせる危険性もあるのです（AIが人間の感情
まで理解できる時代が来る可能性もなくはないですが、それまでには時間もかかるでしょ
うし、人間のサポートは必要です）。

　一方で、そう簡単にインサイトを発見することはできないという難しさも
あります。数々のヒット商品を生み出したあるマーケターは、「オーソドッ
クスなマーケティングプロセス、すなわち『セグメンテーション–ターゲ
ティング–ポジショニング–マーケティング・ミックス』のプロセスを教える
ことは簡単。しかしインサイトを見出すことができるのは、教えたとしても
3、4人に1人くらい」と言っています。それだけ属人的なセンスが重要視さ
れる領域でもあるのです。

　インサイトを見出す方法論については専門書に譲りますが、すべての情報
がインサイトの発見に役に立つわけではありません。顧客の声を中心とした
生の情報やデータを解釈し、深層心理に迫るアプローチはやはり重要なので
す。

Point

☑ **インサイトの発見は、デジタルマーケティング時代における差別
化要因となりうる**

☑ **インサイトを見出すには属人的なセンスやトレーニングが必要で
あり、誰しもが習得できるわけではない**

Part3 ワークとライフを変えるキーワード

未来に備え、テクノロジーの可能性を知っておく

来るべき技術に備える

本章では、2030年、あるいは2035年に向けて知っておきたい技術について簡単に解説します。これらはすでに数年前から注目されていて、さらなる利用者の拡大や用途の広がりが期待されているものです。

　具体的には、ブロックチェーン、Web3.0、メタバースの各技術について触れます。また、Chapter2で軽く触れたデザイン・シンキングの進化についても、技術とは言いにくい部分もありますが、併せて説明します。

　これらは業界や業務によっては縁遠く感じる方もいるかもしれません。しかし、あらゆるところにビジネスチャンスはあるものです。今は一見縁遠いようでも、何かのきっかけで接点が生じる可能性はあります。それゆえ、これらの根本部分を知ることや、その技術や考え方が脚光を浴びるようになった背景を知っておくことは、ビジネスパーソンの教養としても大切なのです。

キーワード1
ブロックチェーン

　ブロックチェーンは、取引を記録したブロックを連鎖的につなげたデータ構造を持つ技術で、分散型台帳として機能します。各取引はブロックに記録され、前のブロックへのリンクを持ちながら次々と連鎖します。また、複数のコンピュータで管理します。これにより、過去のデータの改ざんが非常に難しくなります。特定の管理者が不要となる、システムダウンが起きにくいなどの特徴もあります（図9-1）。

　ブロックチェーンの用途としては、現時点では主にビットコインに代表される暗号資産（暗号通貨、仮想通貨）のベースとなっています。将来的には、サプライチェーンの管理（トレーサビリティの担保などを含む）や、金融、医療、不動産などにおける契約や所有権の証明などにおける活用も期待されています。

図9-1 ブロックチェーン

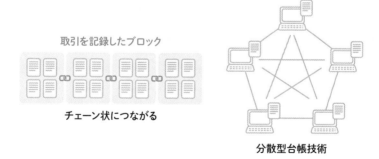

取引を記録したブロック

チェーン状につながる

分散型台帳技術

**電子データを複数のコンピュータで相互確認し、
改ざんを防ぐ技術**

まず、現時点で最も典型的な応用例となっている、ビットコイン（暗号資産の先駆け）について説明します。

　ビットコインは、台帳への記帳については、ほぼ10分に1回のペースでいくつもの取引（概ね4000前後）をブロック単位にまとめ、前のブロックに順番に紐づけていきます。この際、ネットワーク上のどのコンピュータがブロックを記帳するかは事前には決まっていません。運良く記帳を担当するコンピュータに選ばれると、まだ流通していないビットコイン分からブロック報酬が与えられます。

　ブロックの記帳を担当するコンピュータに選ばれるにはPoW（Proof of Work）と呼ばれる、ある課題を解く作業が毎回必要となります。この過程はマイニング（採掘）と呼ばれています。

　マイニングに必要なコンピュータのパワーとそのための電力を要するPoWのおかげで、ネットワーク上のコンピュータは不正をしても金銭的に見合わない状況となっており、それが信頼性につながっています（図9-2）。

図9-2 ブロックチェーンが動作するイメージ（ビットコインの場合）

1　一番初めにPoWの作業課題に成功したマイナー（採掘者）が「ブロック」を作る。

取引A
取引B
取引C

2　その際に、1つ前のブロックのデータを数値化したもの「ハッシュ」を作成し、そのブロックに入れる（ビットコインではPoWの作業課題に10分程度かかる）

1つ前のブロック（取引+ハッシュ）　→　ハッシュ

取引A
取引B
取引C

3　以下、新しいブロックを作る際は、必ず1つ前のブロックから作ったハッシュ値を含み、連結的にデータを保管する

4　1つ改ざんしようとすると、それに続くデータすべてに影響が出るので不正データ作成のコストが非常に高まる

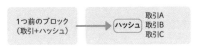

▶ 最近の流行はスマートコントラクト

ビットコインが比較的シンプルな暗号資産であるのに対して（最近は、205ページで詳述するNFTもありますが）、これも暗号資産の代表であるイーサリアム（暗号資産そのものは厳密にはイーサと言います）は、ブロックチェーンの技術に加え、スマートコントラクトという、条件を満たせば自動的に契約が実行される仕組みが実装されています（図9-3）。

スマートコントラクトのメリットとしては、手数料の低減、透明性の向上、取引の迅速化などが挙げられています。それゆえ、不動産の取引などでの応用が模索されているのです。スマートコントラクトは、後述するWeb3.0のベースにもなります。

では、今後ブロックチェーンの技術の応用が進むうえでの課題は何でしょうか。

1つは、処理速度の遅さやスケーラビリティの問題です。たとえばサプライチェーン管理などにおいては大量の取引やデータをリアルタイムで処理する必要がありますが、それが現時点の技術ではそこまで容易ではないのです。金融決済などにビットコインを用いることは、実際に行われるようになりつつありますが、工夫を要します。

図9-3 **ビットコインとイーサリアム**（他のブロックチェーンは割愛）

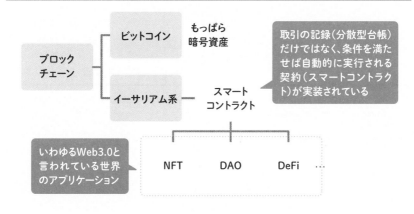

ワークとライフを変えるキーワード：未来に備え、テクノロジーの可能性を知っておく

また、既存のシステムや、ブロックチェーン同士の互換性や連携をとることも容易ではありません。むしろ難しいと言ってもよいでしょう。

　さらに、最初に間違ったデータが入力された場合、それをどのように修正するか、あるいは修正が難しいのであれば、最初の入力の正確性をいかに実現するかという問題もあります。

　そして「技術的にブロックチェーンを使わなくてはダメ」という根拠が弱いケースが多いのも現実です。サプライチェーンの管理などもそうです。もし1つの会社内に閉じてこれを行うのであれば、そもそもパブリックな存在とも言えるブロックチェーン技術を用いなくてはならないという必要性はありません。多くの人が使うからこそ価値が出るわけですが、それをどう実現するかは、なまじ分散型で管理者がいない分、難しいのです。

　一方で、追い風の変化もあります。たとえばサプライチェーンは、伝統的なものから「サプライウェブ」とでも言うような、より複雑なものに変化しつつあります。こうなると多くのプレーヤーが参加してきますから、ブロックチェーンの技術が大いに生きるわけです（図9-4）。

　ブロックチェーンそのものは面白い技術ですし、消えることはありません。研究は続けられており、着実に進化しています。ただ、その応用面の広

図9-4 サプライチェーンからサプライウェブに

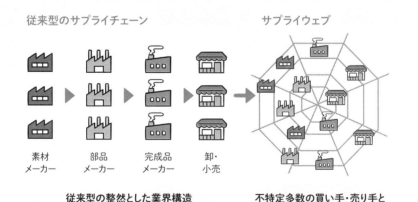

がりについては、数年前に予想されていたほど爆発的ではないかもしれません。

> Point
>
> ☑ ブロックチェーンの大きな特徴は分散型であるということ
> ☑ スマートコントラクトなどによって用途は広がりうる

ワークとライフを変えるキーワード::未来に備え、テクノロジーの可能性を知っておく

Section2

キーワード2
Web3.0

Web3.0（Web3、ウェブスリーとも呼ばれる）とは分散型のウェブ技術です（図9-5）。現在の中央集権的なインターネットのアンチテーゼでもあり、データの所有権や制御権をユーザーに戻す目的で生まれました。その意味でブロックチェーンに似ており、また実際にブロックチェーンの技術を応用しています。

大きな特徴としては、ユーザーが自身のデータの所有権を持つ点が挙げられます。これにより、プライバシーの向上が維持できるだけではなく、デー

図9-5 **Web3.0**

	Web1.0 1990年代〜 2000年代前半	Web2.0 2000年代後半〜 2010年代後半	Web3.0 2020年代〜(?)
ブランド	ネットスケープ、 ヤフー	フェイスブック、 X(旧ツイッター)	イーサリアム、 BAYC
ログイン画面	メルアド+PW	「Googleアカウントで ログイン」	「ウォレットに接続」
機能	読む	書く	所有／参加する
デバイス	PC	スマートフォン	?
効用	情報の民主化	発信の民主化	信用の民主化
インタラクション	一方向	双方向	分散／非中央集権
象徴的な技術	HTML	JavaScript	ブロックチェーン、 トークン
アプリケーション	ホームページ、 ブログ	SNS、 ストリーミング	NFT、DeFi、 DAO

タを商業的に利用して対価・報酬を受け取ることも可能となります。

　また、先述したスマートコントラクトを実装している点も大きな特徴です。これにより、取引の効率化や信頼性の向上が期待できるようになります。

▶ Web3.0に関する重要キーワード

以下、図9-5に示したいくつかの重要キーワードについて解説します。

トークン

　トークンは、ブロックチェーン上のデジタル資産の単位です。トークンには主に2つの種類があります。1つは「ファンジブルトークン（代替性トークン）」で、暗号資産がこれに該当します。各トークンは同等の価値を持ち、互換性があります。

　もう1つは「ノンファンジブルトークン（非代替性トークン：NFT）」で、これについては次に説明します。

　なお、デジタルトークンを中心とした経済システムをトークンエコノミーと言います。トークンエコノミーでは、コンテンツの作成やデータの共有、ネットワークの保守などの活動にトークンが報酬として与えられます。

NFT（Non-Fungible Token：非代替性トークン）

　NFTは、ブロックチェーン技術を基盤とするデジタル資産の一種で、ブロックチェーン上の鑑定書のようなものだと考えればいいでしょう。通常、デジタルなプロダクトは複製が容易で、どれがオリジナルでどれが複製かは区別できません。しかし、NFTをつけることで、一点ものであること、オリジナルであることが証明可能となるのです。2021年3月にはデジタルアーティストのBeepleの作品が約75億円で取引されるなど、バブル的な状況も生じました。

　NFTの進展によって、画像や動画、テキストなどのあらゆるデジタルプ

ロダクトについて（あるいはデジタルに紐づけることで絵画などのアナログな作品も）所有権を改ざんできない形で一次流通、二次流通させることが可能となります。また、スマートコントラクトを利用すれば、取引の都度、オリジナルの作者に利益が還元される仕組みも実現できます。

　一方で、生成AIのレベルが上がりすぎた結果、画像については供給過多な状況も生まれています。本当にオリジナルでレベルの高いものでない限りNFTにはフィットしないのではないかという意見も聞かれるようになっています。

DAO（Decentralized Autonomous Organization：分散型自律組織）

　中央集権的なトップダウンではなく、分散型の意思決定をするための仕組みを兼ね備えた組織、あるいはより広くコミュニティのことを指します。

　具体的には、まずブロックチェーンを使ってDAOで使えるトークンを発行します。このトークンを持っている人の投票によって組織の運営を決めていくわけです。トークンは株式会社の株券のようなものと考えればいいでしょう。ブロックチェーンの技術を使っていることから、誰がトークンを持っているのかといったことが可視化されます。また、株式会社とは異なり、トークンは、コミュニティの運営側だけではなく、顧客も所有して意思決定に参加できます。それゆえ、「意思決定の民主化」と表現されることもあります。また、信用の象徴である中央集権をなくしたことから、「信用の民主化」と呼ぶ人もいます。

DeFi（Decentralized Finance：分散型金融）

　伝統的な中央集権的な金融に対し、銀行や証券会社といった仲介業者をスキップする形の分散型の金融のことです。

　代表的なDeFiで暗号資産の取引所である分散型取引所（DEX）では、スマートコントラクトベースの暗号資産間の交換に特化しており、アルゴリズムによって暗号資産間の交換レートが決められています。

▶ 今後の発展

　ここまでWeb3.0の重要キーワードを見てきましたが、Web3.0は今後どのような展開を見せるのでしょうか。

　1つの大きな課題は、ブロックチェーン技術が進化しないと結局Web3.0の世界も広がらないということです。そのうえでさらに、スマートコントラクトの設計・運用などの技術的課題をクリアしなくてはなりません。

　規制なども障壁となりえます。事実、近年暗号資産に対する規制は世界的に強まりつつありますし、中国ではマイニングが禁止となりました。デジタル資産の取引やデータの所有権についても法的・規制の枠組みはまだ確立されておらず、場合によっては各国政府が強く規制を敷いてくる可能性もあります。

　もともとWeb3.0は、技術という側面以上に「思想」という側面が大でした。政府や中央銀行に制約を受けない暗号資産や取引は、魅力的な部分も多い反面、当局にはやや目障りです。Web3.0が広がるためには、そうした人々の啓発・説得などが必要ですが、それは容易ではありません。

　これも技術的には面白い部分が多く、研究者の好奇心をくすぐる部分が大なので、技術自体は毎年レベルアップしていくでしょう。

　NFTに関しては、先述した課題はありつつも、社会的問題の解決や、応援したい人のサポートにそれを用いたいという意識も高まっています。これは人々を動かす大義となりえます。また、次に述べるメタバースとも相性はいいです。NFTを超えるような革新的なアプリケーションが生まれるかもしれません。ブロックチェーンとともに、注視しておきたい領域です。

> Point
> - ☑ ブロックチェーン関連技術の進化とシンクロしながら発展していくと見られている
> - ☑ 技術的な側面以上に思想面に惹かれている人も多い

Part 3
ワークとライフを変えるキーワード：未来に備え、テクノロジーの可能性を知っておく

キーワード3
メタバース

メタバースは、旧フェイスブックが社名をメタに変えたことから一気に注目を集めるようになりました。2024年現在は、プロダクトライフサイクルで言えば導入期から成長期初期にあると言えそうです。

メタバースとは、仮想空間やデジタル環境での拡張された空間を指します。現実世界とは異なるデジタルの世界で、他者と交流したり、経済活動などを行ったりすることもできます（経済活動については、NFTを使うことが多いです）。

経済活動の例としては、2022年にNOBORDER.z FZEが開発するWeb3.0型メタバース「XANA」がNFTとしてメタバース上の土地を販売し、発売後9時間で、日本円にして約6億円相当を完売しました。

▶ メタバースの特徴

メタバースの特徴にはいくつかのものがあります。

第1に、きわめて没入度の高い体験ができます。メタバースは通常、VRやARの技術やデバイス（例：VRヘッドセットなど）を用いて体験します。まさに仮想空間において、リアルタイムで、現実では味わえないきわめて独自の体験ができるのです。

たとえば対戦ゲームの仮想空間であれば、ユーザーであるあなたは置かれた環境の風景はもちろん、風の動きや匂いまでリアリティを持って感じ取ることができます（現実には嗅覚で体験することはできませんが、あたかもそうした匂いがあるようには感じられるのです。これをファントムセンスといいます）。そして味方や敵のアバターの微妙な表情やその動きなどから、いよいよ戦いが始まるという緊張感を味わうことができます。いざ戦いが始まれば、人を倒した

り、自分が殺されたりという感覚などもかなりのリアリティを持って感じ取ることができます。これは人を虜にする特性です。

2つ目の特徴は「分人化」です。これは、リアルの世界での自分とは違うパーソナリティを持てるということです。通常、メタバースの世界ではアバターの形態を通じて自己表現を行います。極端な例で言えば、現実世界では中年の男性が、メタバースの世界では女子高生として振る舞うことも可能なのです。そこでできる人間関係は、リアルのものとは全く異なると考えていいでしょう。

こうしたパーソナリティの設定は、常に同じものにしてもかまいませんし、プラットフォームやアプリケーションによって変えることもできます。人間には変身願望が少なからずあるものですが、その欲求を満たすことが可能となるのです。なお、そうした架空のパーソナリティがリアルの世界の自分のパーソナリティに影響を与える可能性もあります。メンタルへの悪影響に関しては注意が必要でしょう。

3つ目は、クリエイティビティの発揮です。アバターなども自由に作ることができますし、仮想空間ならではの創作活動などもできます。仮想空間で作った作品を売買することも可能です。こうして培われた創造性はリアル世界においても良い影響を与える可能性があります。

▶ メタバースの応用

メタバースにはさまざまな応用が考えられていますが、実際に先行しており、かつ明らかにマネタイズ、ビジネス化しやすい分野はエンターテインメントやゲームです。そこでは誰もがロールプレイングゲームの主役になることもできますし、複数の参加者を巻き込んでゲームを楽しむこともできます。

ちなみにビデオデッキや初期のインターネットユーザー拡大の原動力になったのはアダルトコンテンツです。そうした要素を取り入れた成人向けの

エンターテインメントが初期の市場を牽引するかもしれません。

　マネタイズはやや難しそうですが、教育分野などもメタバースの活用が期待されています。たとえば通常の授業では味わえない、人間の体内訪問（理科の授業の場合）や、過去の出来事の経験（歴史の授業の場合）なども可能となるかもしれません。

　また、すでにオンラインの学習は浸透していますが、リアルの自分では言えないことも、アバターを介してなら言える、という効果も期待されています。実際に、教師役のアバターの風貌を変えるだけで、クラスの中の雰囲気は変わるそうです。

　ビジネスミーティングなどでの応用も検討されています。アバターや空間を工夫することで創造性や心理的安全性に良い影響を与えることができれば、通常のミーティングでは出ないような意見を引き出すことも可能となるかもしれません。

　また、リアルの世界では、ネット上の自分の紹介写真をすぐに替えられるだけで幸福感を感じるという研究結果もあります。アバターもその日の気分で微調整できれば、それが気分転換となってストレスを低減させるなどの効果も期待できます。

　メタバース普及のカギは、そのアクセス性向上とアプリケーションの質・量の進化に尽きるでしょう。

　アクセス性は、ハードウェアの価格の低減と、より自然にメタバースにアクセスし、仮想空間を体験できる技術にかかっています。直感的に操作でき、没入感を今以上に味わえる環境が数万円から十数万円程度で手に入ればユーザーは一気に増える可能性があります。現状のデバイスは、良い体験を得ようとすると残念ながらまだトータルでは高額ですし、モノによっては眼鏡と干渉してしまってよく見えないというケースもあります。普及度合いとコスト低減や性能向上は「鶏と卵」の議論にはなりますが、幸い、メタを筆頭にいわゆる大手テック企業がこの分野に巨額の投資をしています。日本企

業がここで標準をとるのは難しいかもしれませんが、部品メーカーなどには大きなチャンスがありそうです。

　魅力的なアプリケーションがさらに増えることも大切です。この領域も多額の投資が行われているところです。現実のネットビジネスのようなプラットフォームができるかどうかは未知数ですが、アプリケーションについてはさまざまな可能性があります。特にエンターテインメントやゲームは日本企業が強い分野でもあるので、何かしらの対策や先行投資は必要になるでしょう。

Point |

☑ 巨大テクノロジー企業が本腰を入れて取り組んでいる

☑ まずはエンターテインメントでの実用化が先行しそう

☑ 価格等の問題が解消されれば一気にユーザーが増える可能性あり

キーワード4
デザイン・シンキングの進化

デザイン・シンキングが生まれたのは二十数年前とされますが、特にこの10年程度で社会に浸透してきました。図9-6にその典型的なプロセスを示しました。

デザイン・シンキングの重要なキーワードは、「観察」「共感」「潜在的な不満の特定（洞察、インサイト）」「アイディエーション」「プロトタイピング（試作品づくり）」「手触り感のテスト」などです。これらはこれまでコンピュータが苦手とするとみなされていた領域です。また、「デザイン」そのものが人間的な想像力を必要とするものであり、機械が苦手としているという側面もありました。

しかし、デザイン・シンキングのプロセスの中で、テクノロジーの力を借りると良い変化がたくさんあります。たとえば、アイデア出しやイメージづくりなどに生成AIなどが活用できます。テクノロジーの進化がデザイン・シンキングに与える影響を見てみましょう。

図9-6 デザイン・シンキングの典型的プロセス

デザイン・シンキングの5つのステップ

ステップ1	ステップ2	ステップ3	ステップ4	ステップ5
Empathize（理解・共感）	Define（定義・明確化）	Ideate（アイデア開発）	Prototype（プロトタイプ）	Test（テスト）
ユーザーを深く理解し、共感する	問題を明確にし、定義する	問題を解決するなるべく多くのアイデアを出す	プロトタイプをつくる	プロトタイプを用いてユーザーにテストを行う

出所：『MBA 2030年の基礎知識100』（グロービス著、PHP研究所）

▶ ITの進化がデザイン・シンキングに与える影響

ここではいくつかの変化を挙げてみます。

1つは、プロトタイピングやテストの高速化、精緻化です。ノーコードツールやコードのAI自動生成などで、ウェブサービスやアプリケーションが今までよりは簡単に作れるようになりました。データ収集もリアルタイムで行え、ウェブサービスやアプリケーションのテストもAIの力を借りることが可能です。物理的な実体が伴う製品では、3Dプリンターの進化と相まって、これは加速するでしょう。ユーザーからのフィードバックも非常に得やすくなります。

これまではプロトタイプと言っても、ラフスケッチでもよいとされてきました。もちろんそれでもある程度的を射たフィードバックはもらえますが、それをより精緻化することで、さらに有用なフィードバックが得られるようになります。

初期のフィードバックは生成AIでもいいかもしれません。生成AIにさまざまなペルソナを付与し、そこからのフィードバックをプレテスト的に参考とするのです。現段階では時期尚早かもしれませんが、こうしたAIの使い方も念頭に置くべきでしょう。

2つ目の変化は、データドリブンな意思決定です。デザイン・シンキングは共感という人間の感性に頼る部分が大でした。ITが進化してもこの部分はかなり残ると思われますが、個人差が大きく、また一定の訓練が必要という弱点がありました。ITの分析結果と人間の感性を突き合わせることで、さらに良い意思決定が促されるかもしれません。

たとえば、動画に撮影した顧客の行動を精緻に分析することで、人間が見落としがちな共通点などを機械が発見してくれるかもしれません。また、ユーザーの志向を細かく分類（クラスタリング）することで、より細かな顧客セグメントにあつらえたプロダクトのバリエーションを提案してくれる可能性もあります。

3つ目の可能性は顧客ニーズの洞察にかかわる部分の変化です。これまでは、先入観を持たないようにする、あるいは誘導尋問はしないようにするなどがデザイン・シンキングの注意点として挙げられてきました。しかし人間はここからなかなか逃げられないものです。現実の学習のさせ方は難しいかもしれませんが、AIだからこそ、こうした人間が陥りがちな罠を避けることができる可能性があるのです。

　また、他分野のアナロジーを活用するのも、人間の知識には限界があります。その点、生成AIなどはこれを無尽蔵に持っています。良きディスカッションパートナーになってくれたりもします。AIで物事の本質そのものを抉り出すことは難しくとも、そのヒントを提供してくれることでデザイン・シンキングのレベルも上がるかもしれないのです。

▶アート・シンキングの重要度も上がる

　アート・シンキングとは、デザイン・シンキングが、顧客の声を聞きながら1を10にするものだとしたら、製品やサービスとその未来を誰よりも知る自分という人間が、顧客の想定の上を行く破壊的なイノベーションを描く、0を1にする思考法のことです。デザイン・シンキング同様に、**既存の制約や常識に囚われず、自由な発想で物事を考える**ことを重視しますが、その度合いがより強くなります。現代アートのように**世の中（の製品・サービス）を批判的に見て、未来のあり方を考えながら、製品やサービスを生み出す発想方法**です。このセンスを磨くことで、従来の思考の枠組みを超えた新しいアイデアを生み出すことができる確率が増していきます。

　アート・シンキングの特徴は、一人称が「私」であるということです。「独りよがりになるのでは」という批判もありますが、人間にはやはり共通のニーズがあるものです。スマートフォンを最初に構想したスティーブ・ジョブズのような発想で、「このようなものがあったら便利だろう」と発想するのです。

　この思考は、テクノロジーの進化とともに注目されるようになりました。テクノロジーが進化すると、たとえば、先のスマートフォンのように、既存

の製品とは異なる（時には既存の業界を破壊しうる）、全く新しい製品やサービスを生み出せるようになります。一般的なインタビューでは、今の世の中の、既存の製品やサービスの困りごとやニーズしか伝えることができない可能性が高いです。一方で、自分という人間が創る新しい世界も大切です。そのためのアート・シンキングとも言えるのです。

　なお、デザイン・シンキングのプロセスで製品・サービスを生み出すデザイナーは、顧客の声を基に、自らがアートな思考をすることで斬新なアイデアを創ります。デザイン・シンキングとアート・シンキングは、対立関係ではなく、併用されるものなのです。

> Point
>
> ☑ 人間の感性が重要とされるデザイン・シンキングもITの力によって加速する余地がある
> ☑ デザイン・シンキングと同時にアート・シンキングもできればきわめて強いパワーになる

ワークとライフを変えるキーワード：未来に備え、テクノロジーの可能性を知っておく

XTECHで
ワークライフバランスの
次元を上げる

本章では、XTECH（クロステック）を活用し、ビジネスパーソンがワークライフバランスを向上させ、結果としてビジネスの生産性も上げる方法論をご紹介します。

　XTECHはChapter7で解説した新事業開発においても重要な位置を占めます。それゆえ、何かしらの潜在ニーズに気づいたならば、プロダクト開発や事業開発ができないかを検討することも大切ですが、本章では基本的にユーザー視点でXTECHを活用する場面を前提にします。

XTECHとそれを活用することのメリット

　XTECHとは、既存のビジネスと先端のテクノロジー（特にIT）を結びつけて生まれた新しいビジネスやプロダクトのことを指します。典型的なXTECHの領域には図10-1のようなものがあります。いまや全くXTECHを利用していない人の方が稀でしょう。

　本章では、これらの中でも、一般のビジネスパーソンが消費者としても接点が多いと思われる、フィンテック、オートテック、ヘルステック、エドテックを中心に議論していきます。

図10-1 典型的なXTECH

フィンテック （金融×テクノロジー）	オートテック （自動車×テクノロジー）	ヘルステック （ヘルスケア×テクノロジー）
エドテック （教育×テクノロジー）	ホームテック （家×テクノロジー）	ファッションテック （ファッション×テクノロジー）
フードテック （食料×テクノロジー）	フェムテック （女性の生活・健康×テクノロジー）	HRテック （人事×テクノロジー）
アグリテック （農業×テクノロジー）	アドテック （広告×テクノロジー）	リーガルテック （法律×テクノロジー）

▶ XTECHを活用することの効用

　各論に入る前に、ビジネスパーソンがXTECHを活用することの典型的な効用を以下にご紹介します。

第1に、生活を豊かにすることができます。たとえばフィンテックで優れた投資ロボットアドバイザーを活用することができれば、投資効率が上がり、老後の生活の不安を減らすことができるかもしれません。あるいは、ヘルステックで健康状態を高いレベルに維持できれば、常日頃からよりアクティブに活動できますし、現在だけではなく未来にわたって医療費を削減することも可能です。テクノロジーを活用したエンターテインメントに触れることで充実感を得ることもできるでしょう。これらは生活の充実感を上げることに直接つながり、ビジネスにも間接的に好影響をもたらします。

　第2に、家事などが軽減される結果、そこで生まれた時間を、睡眠や自分の趣味、さらには勉強や重要な仕事などに使うことができます。特に日本人は先進国の中では最も睡眠不足気味ですし、ワークライフバランスに悩む国民でもあります。XTECHによって効率性を上げることで、時間的な余裕が生まれ、生活と仕事両面に良い効果が生まれます。

　第3はキャリアの選択肢の広がりです。近年は副業が許されるケースが増えていますが、XTECHを活用してそれを副業とすることで追加の収入を得ることもできますし、通常のビジネスシーンだけでは得られなかった経験を積むこともできます。新たな人脈を構築するチャンスともなります。これは社内におけるキャリアの選択肢を増やすだけではなく、転職を考えるうえでもプラスになります。
　別の見方をすると、会社に雇用されているサラリーマンという従属関係が崩れ、企業と個人はより対等の立場になっていく可能性が高まるのです。

　第4は長く人生を謳歌できるということです。いまや60歳や65歳で引退して年金生活に入るという時代ではありません。おそらく、70代、場合によっては80代になっても、社会と接点を持つことはもちろん、何かしら働いたりボランティアなどを通じて社会貢献したりしたいという人は多いでしょう。人生100年時代に向けてアクティブに過ごすうえでもテクノロジーの活

用は必須なのです。

　これは人口減という社会課題の解消にも一役買います。さまざまなサービスがある都市部では必要性は低いかもしれませんが、人口減が進む地方では1人ひとりの地域への貢献が必須です。その代表的領域としては、経済振興、文化の維持・振興、医療・福祉、治安・防災、教育などがあります。そこにアクティブなシニアの方が生きがいを持って取り組まれることは、社会としても好ましいことと言えます（もちろん、シニアだけではなく現役世代がこうした活動に参加されることも大きな意味があります）。

　こうした効用を意識したうえで、以下、典型的なXTECHとの付き合い方について述べていきます。

---

column

ワークライフバランス

　ワークライフバランスはしばしば「仕事とプライベートの両立」と訳されますが、それだけでは視野狭窄です。より正確に言えば、以下のすべてのバランスを高次元で実現することが本来のワークライフバランスです。

・仕事にやりがいを感じつつ、生産性高く働ける
・生活に困らない賃金を得ることができる
・睡眠や食事といった人間にとって必要な生理的欲求を満たす
・家事などを不公平感なく分担する
・趣味や友人との交流などを行い、精神的な満足を得る

　これが実現できれば、個人の満足度も高まりますし、企業にとっても嬉しい話です。単に仕事の生産性が高まるだけではなく、往々にして見落とされがちな「家族の犠牲」を減らすことにもつながります。
　「家族の犠牲」の最も典型的なケースは、「夫もしくは妻はやりがい

ワークとライフを変えるキーワード：未来に備え、テクノロジーの可能性を知っておく

を感じる仕事にひたむきに取り組んでまずまずの賃金も得ているものの、それはパートナーの家事や無償労働、あるいはキャリアアップの中断によって成り立っている」というものです。日本では特に女性にしわ寄せが行きがちでした。これでは社会全体の最大幸福にはつながりません。

　それを避けるうえでも、ITツールをはじめとするテクノロジーを活用して仕事とプライベートの両面での効率化を図ることがあらゆる人々にとって必要なのです。

Point

- ☑ 生活のさまざまな場面にテクノロジーが浸透している
- ☑ XTECHを用いることには公私両面でさまざまなメリットがある

キーワード1
フィンテック

理解難易度 中
実践難易度 中

Section2

　身近なフィンテックと言えば「〇〇ペイ」と呼ばれるキャッシュレス決済でしょうか。これらを活用すれば、いちいち現金を持たなくても済みますし、ポイントの還元などを受けることもできます。

　副業が増えた昨今、安価なクラウド型の会計ソフトなども、自分のお金の動きを管理したり雑務を処理したりするうえで便利なテクノロジーです。領収書の管理なども、現物が必要なくなってきているのは良い傾向と言えるでしょう。

　これらももちろん適宜活用したいですが、ここではまず人生がより長くなる中で重要度が上がると期待される資産運用について触れましょう。アメリカの場合であれば、若い頃から401kで資産運用をして、老後は悠々自適という人が少なからずいます。その背景にはここ30年間で10倍程度になったアメリカの株価があります（さらに言えば、日本人に比べて国民の平均年齢が10歳程度若く、いまだに人口が増えているといった側面もあります）。

　日本は残念ながら相変わらず投資に臆病な人が多いです。これではなかなか資産が増えませんし、仮に円という通貨の力が弱くなれば、グローバルで見たときの資産はますます目減りしてしまいます。

　そこで資産形成の手伝いをしてくれる可能性があるのがロボットアドバイザーです。アメリカに限らず、新興国への投資のアドバイスなどもしてくれれば、資産形成を行ううえで非常に役に立つでしょう。自動運用までしてくれれば、悩まずとも資産が増える可能性もあります。

　Chapter9で触れたNFTなどもやはり注目したいところです。たとえば、もともと問題意識を持っていた地域やコミュニティの問題にかかわるうえ

Part 3

ワークとライフを変えるキーワード：未来に備え、テクノロジーの可能性を知っておく

で、「つながり方」の手段としてNFTを購入するというやり方もあります。ある種、寄付感覚的なつながりです。そこのインサイダーになることで、緩やかにいろいろな人と接点を持つことが可能となります。そのような世界観も、人生100年時代を豊かにするでしょう。

　インステック（インシュアテックとも言います）と呼ばれる保険関連のテクノロジーにも注目したいところです。

　生命保険は家に次いで人生で2番目に高い買い物とされてきましたが、その割に、いまだに（ネットではない）リアルの保険会社では俗に言うGNP（義理、人情、プレゼント）で加入する人が少なくありません。ここもテクノロジーで大きく変わりそうです。後述するヘルステックとも関連してきますが、健康上のリスクが低いことを示せるのであれば、それを反映して保険料が安くなるといったサービスもおいおい普及するでしょう。住友生命保険が扱っている、健康増進型のVitalityという生命保険はその先駆けと言えるかもしれません（Vitalityは南アフリカ発のフィンテックです）。

　損害保険ではすでに海外を中心に、車の運転の仕方の丁寧さについてIoTでデータをとり、それを解析して保険料を変えるという取り組みがなされています。こうした取り組みも大いに広がっていくでしょう。リスクの小さな人ほど費用負担が減るという保険のあるべき姿が実現されるわけです。

　もう1つインステックで注目したいのがP2P保険と呼ばれるものです。これは既存の保険会社を通さず、「似たリスクの人たち」が個人間でつながり合って互助組織を形成するというものです。IT時代らしく、データを用いてリスクを計算・開示する点が特徴的です。情報が簡単に流通する時代にあって、既存の保険会社の本社機能や営業のコストを削減できる点などが魅力です。

　人生はお金のためにあるわけではありませんが、お金の余裕は心の余裕につながるとともに、人生を豊かにすることも事実です。フィンテックをうまく活用することで、そうした余裕を持ちたいものです。

Point

☑ フィンテックで金銭的余裕を持つことが可能
☑ 投資や保険などでの活用は有効

ワークとライフを変えるキーワード：未来に備え、テクノロジーの可能性を知っておく

Section3

実践難易度 中　理解難易度 中

キーワード2
オートテック

自動車業界では数年前からCASEと呼ばれる変化を前提にさまざまな技術開発や事業開発がなされてきました。これは自動車業界にとっては「必ず来る未来」と捉えられています。

本書では、この中でも一般ユーザーの生活を豊かにするという観点で身近なAとSについて簡単に説明します（Cはある意味で自動車のIoT化とも言うべきもので、他の要素を下支えします）。

まずAの自律走行は、日本では必ずしも急に実現するわけではありません。特にIT先進国のアメリカと比べると高速道路の比重が低く、また道が狭く入り組んでいるといった条件があるからです。しばらくはレベル3（渋滞時などの特別な条件下、高速道路などの限定された領域における自動運転。運転手は必要に応

図10-2 CASE

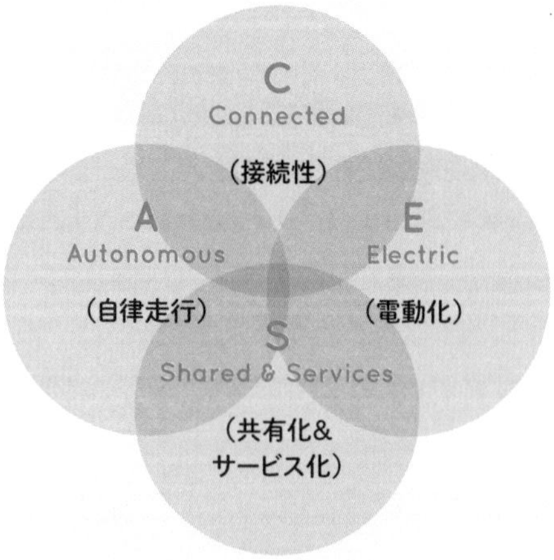

じて適切な運転を行う必要がある）を目指すことになるでしょう。ただ、おいおいレベル4（限定された条件下における自動運転。ドライバーは運転席を離れることができる）もできるようになると見込まれます。

　なお、最初に自動運転が浸透するのは、高速道路の運転が多く、またドライバー不足や彼らの過重労働で悩まされているトラック業界になるのではないかという向きもあります。

　一般のユーザーとしても、自動運転は活用したいところです。ハンドルから手を離すことができれば、その時間でさまざまな他の用事を済ませることができるからです。人によってはそこで勉強をしたり副業をしたりすることもできるでしょう。現時点ではまだ実現は難しいかもしれませんが、自動車のフロントガラスをスクリーンにして映画や動画を大画面で楽しむといった利用方法も検討されています。自動車はもともと防音性が高いプライベートな空間という意味合いが強いので、その特性を活かすわけです。数年内にはその延長で、オンライン会議を自動車内で大画面で行ったり、英会話のレッスンなどを行ったりすることも可能となるでしょう。隙間時間の有効活用としては良い方法と言えそうです。

　自動運転はまた、高齢者の免許返納の時期を遅らせることも可能とするかもしれません。これは公共交通機関の貧弱な地方においては重要な意味を持ちます。さらに、法律の改正は必要ですが、そうした地方の場合、中高生でも必要な講習さえ受ければ移動の手段として活用できるようになる可能性もあります。これは、彼らの行動の自由度を高めます（地方の場合、商業施設や娯楽施設が駅前ではなくロードサイドにあることが少なくありません）。

　地方の人口減が問題となり、バスなどの公共サービスも採算がとりにくくなる中で、社会問題の解決にもつながる可能性があるのです。

　Sの代表でもあるカーシェアももっと利用が進む可能性があります。そもそも自動車という製品は、他の製品に比べて必ずしも稼働率は高くありません。たとえば冷蔵庫の1週間168時間の稼働率は通常ほぼ100%ですが、自動車は週末に数時間という人も多いでしょう。駐車場代も高い都市部において

は、カーシェアをうまく使い、余ったお金を別のものに使うというのは賢い方法と言えます。

　一方で新車が売れにくくなる自動車会社としては、単なるモノやハコにとどまらない魅力的なサービスを提供することが必要となるわけですが、それはサードパーティなども巻き込むことで実現しようとするでしょう。自動車業界でもレイヤー構造化が進むことが予想されています（図10-3）。

　すでに若者の車離れはかなり進んでいます。特に都市部では免許すらとらない人もいます。ただ、ID代わりも兼ねつつ、いざというときのために自動車免許くらいはとっておこうという人はやはり多数います。そうした人に自動車運転の選択肢を残す意味でカーシェアがもっと増えることは悪いことではないでしょう。また、ここでもP2Pのマッチングが容易になれば、個人間のカーシェアなどのサービスが登場する可能性もあります。

　本来自動車は、鉄道やバスなどでは提供できないきめ細かな移動を提供する、非常に優れた製品です。どれだけ世の中がITで便利になっても、BtoB

図10-3　自動車業界でもレイヤー構造化が進む

※自動運転による自動運転タクシーの例

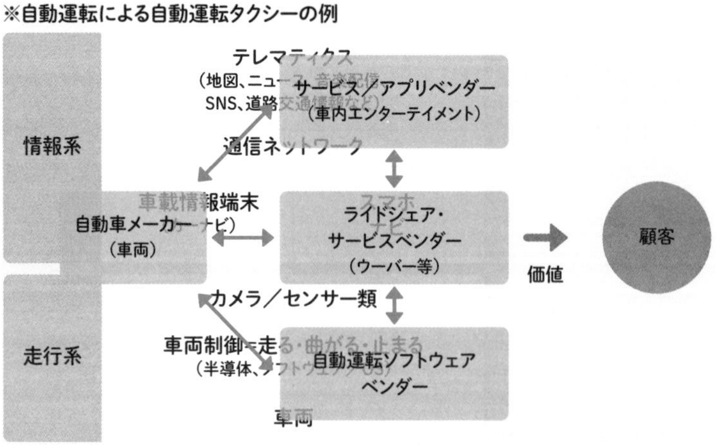

出所：『プラットフォームの教科書──超速成長ネットワーク効果の基本と応用』（根来龍之著、日経BP社）をもとに作成

まで含めて、人々の移動がなくなるわけではありません。そこでもテクノロジーを賢く用いることで、さまざまなベネフィットを得ることができるのです。

Point

☑ 自動運転によって労働者不足を解消するとともに、隙間時間の有効活用ができる

☑ 自動車のシェアにより、価値はハードからソフト（アプリケーション）に移るかもしれない

キーワード3
ヘルステック

日本の皆保険制度はある意味素晴らしい制度ではありますが、少子高齢化の下、財政的にいつまで今の手厚いサービスが続くかはわかりません。必然的にDXなどによる効率化が必要ですが、残念ながら医療は最もDXが遅れている領域です。電子カルテの活用や、遠隔診療もまだまだです。おいおいDXの風は吹くでしょうが、それを待っていては多少手遅れになる可能性もあります。積極的にテクノロジーを活用して自らの健康を増進させることも必要です。それは健康保険料の半分を出している企業の負担を減らすことにもつながり、企業の競争力にも直接的、間接的に影響を及ぼします。

ヘルステックの典型例は、健康状態をスマートウォッチやスマートリングといったウェアラブル端末で捕捉するという技術でしょう。たとえば体温や心拍数といった基本的な健康情報（これをバイタルと言います）はいまや24時間、簡単に捕捉できます。特に指輪は24時間つけておくことが容易です。血中の酸素濃度などもその気になれば測定できますし、睡眠の質についても評価してくれます（快適な睡眠を促すテクノロジーを、特にスリープテックと言うこともあります）。

技術が進めば血糖値なども簡単に捕捉できるようになるでしょう。これは糖尿病患者の生活水準向上のみならず、潜在的な患者候補を見分けるツールともなります。今はまだ測定が難しいEPA／AA比（食生活を反映した指標。動物性脂肪をとると減少する。循環器系の疾患と相関する）なども、おいおいウェアラブルで測定できるようになるかもしれません。こうしたツールで健康状態がリアルタイムで可視化されれば、人々の行動は変わるものです。

さらには、そこから得られるリアルタイムデータと、大量に蓄積された

ビッグデータを活用して、「今日はもうカロリーはとらないでください」といった、個人の生活特性に合わせてあつらえたアドバイスがなされるようにもなるでしょう。実際に昨今はアプリの開発が非常に盛んで、たとえばスマートリングが「カフェインをとる量を減らしてみませんか」といった提案などもしてくれるようになっています。提案にゲーム感覚を盛り込んでいるのも昨今のトレンドです。寝つきの悪いときには、睡眠に入りやすい音楽も流してくれます。

　健康という多少ぼんやりしたものが、年に1回の人間ドックだけではなく、日々可視化されることで、人々の健康レベルは上がっていくのです。これは健康寿命の長期化にもつながりますし、ビジネスパーソンの日常のパフォーマンスにもそのまま影響を与えます。

　その他にも、いまやDNA解析は数万円のコストでできます。自分の体質（例：ある種の癌にかかりやすい）なども把握したうえで、最適な生活パターンに関するアドバイスをAIに求めるといった時代も近づいています。

　なお、特に女性の健康にかかわるテクノロジーをフェムテックと言います。女性が自分の人生を実りあるものにするためにも、フェムテックを適宜取り入れるという発想は大切でしょう。

- ☑ テクノロジーによる健康状態の可視化は非常に効果的
- ☑ 将来的にはDNA情報なども活用した、個々人にあつらえた健康管理が主流になる可能性がある

Part

3

ワークとライフを変えるキーワード：未来に備え、テクノロジーの可能性を知っておく

Chapter10　XTECHでワークライフバランスの次元を上げる　　231

キーワード4
エドテック

▶ 教育におけるテクノロジーの活用

　教育もテクノロジーで大きく変わっていきます。特に動画の利用とAI活用によるきめ細かなQ&Aは、それまでの教育のあり方を変える可能性があります。

　まず動画については、やはり見て学ぶこと、視覚で把握することの価値は大きなものです。実際、すでに英語の動画では、非常にわかりやすく興味をそそる動画が、無料のものも含めて多数出ています。例として生物学や医学であれば、細胞の中の物質の動きをきわめてビビッドに描いた動画、あるいはスポーツであれば、たとえばテニスの超一流選手が基本を教える動画サービスなどです。

　日本語の優れた動画は相対的にはまだ少ないですが、知識を得る、あるいは文字で読むだけだと抽象的で理解しにくかったものを視覚的に理解できるという意味では、動画は非常に重要な意味を持つようになるでしょう。対談やパネルディスカッションの動画なども、さまざまなモノの見方を知るうえで非常に効果的です。

　動画はまた、ベストのパフォーマンスのものを横展開しやすいというメリットがあります。たとえば経営大学院の戦略の授業で「5つの力分析」を教えようとすると、どうしても講師によって差が出てしまいます。ところが動画で学ぶことが一般化すると、極端に言えば、一番教え方のうまい講師の動画を皆が見るので、最低限の知識であればかなり習得しやすくなるのです。

　おそらく一般的なものだけではなく、企業内の必要知識などを動画で新人

に教える、といった動きもさらに活発化するでしょう。

　AIの活用もますます進むでしょう。もともと大昔の教育は個人授業（家庭教師）でした。アレキサンダー（アレクサンドロス）大王の家庭教師がアリストテレスだったというのがその典型です。先生は学生のレベルに合わせて授業ができますし、学生は疑問に思ったことをいくらでも先生に聞くことができました。それが、多くの人を教育する必要が生じたことからマス向けの教育が発達したのです。現在、多くの学校で用いられている手法です。

　ただ、この方法には、個々の学生の習熟度に合わせにくいという欠点があります。また、「覚えてもらう」には向いていても、考える力の醸成には不向きでした。これをAIが解決するかもしれないのです。たとえば「AI先生」がネット上で質問を投げかけます。それに対する学生の答え（当初はテキストでしょうが、いずれ音声に変わるでしょう）を踏まえ、AIが学習し、習得度を最も高めるさらなる質問をしていくのです。この方法は、ビジネスパーソンが学ぶべき経営学の習得などでは効果的でしょう。

自らの学びに利用する

　ビジネスパーソンとしては、これらをうまく活用することで、自分に欠けている素養を身につけることができます。初期は選ぶのが大変かもしれませんが、そのうちナビゲーター的なサービスも登場するでしょう。予算や自分の希望を伝え、簡単な質問に答えることで、自分に最適なサービスを選ぶことができるのです。

　さらに、そこにサーティフィケイト（修了証明）がつくとどうでしょうか。日本ではあまり流行っていませんが、LinkedInのようなSNSで自分の獲得したサーティフィケイトを示し、転職や人脈構築、副業探しに役立てる、ということも欧米では盛んに行われています。そもそもマイクロソフトがLinkedInを買収した目的の1つはそれですし、個人情報保護法に抵触しない範囲で、マイクロソフトは個人ごとのMicrosoft365のパフォーマンス情報を取得することも技術的には可能です。

ところで教育は、学ぶだけで満足していては意味がありません。ぜひ実務でも使いたいものです。ビジネスパーソンとしてはまずは仕事で結果を出すことが必要ですが、それ以外のアウトプットの形もあります。

　たとえば基礎的なプログラミングを学べば、何人かの仲間（デザイナーなど）さえいれば、いまやアプリを作ることは簡単です。それをApp StoreやGoogle Playで販売することもできますし、本当に便利なものであれば、会社に買い取ってもらうことも可能かもしれません。

　いまや、小さな困りごとに対して、閃いたアイデアをすぐに形にできる時代です。自分の可能性を試したりキャリアの選択肢を広げたりする意味でも、どんどんアウトプットにつなげていく姿勢がますます必要となるでしょう。

Point

- ☑ 動画やAIによって学びはより効率的に行えるようになる
- ☑ 学んだことをどんどんアウトプットしていくと、学びが加速するだけではなく、さまざまな効用が得られる

その他のXTECH

本章の最後に、その他のXTECHとして、ホームテック、フードテック、ベビーテックについて簡単に触れます。

ホームテック

ホームテックの代表は「ルンバ」に代表されるスマート家電です。家事というものは積極的にそれが好きだ、という人は少ないものです。特に1人暮らしや、共働きの家庭にとっては「せざるを得ないからする」と考える人が大半の負荷のかかる作業なので、そこはテクノロジーを活用してなるべく省力化したいものです。

その他には、Amazon EchoやGoogle Homeといったスマートスピーカーも生活を楽にしてくれます。スマートフォンと連動した家電の操作や、セキュリティサービスも利用を検討したいサービスです。

フードテック

フードテックと言ってもその内容は多岐にわたります。SDGsの文脈にもあるフードロスの低減はもちろん、代用肉などの代替食品の開発、捨てられた食材の再利用、環境に優しいパッケージング、食材のトレーサビリティ向上、さらには調理時間を最低限にしつつ必要な栄養はとれるレシピ開発などです。この分野にはITのみならず、バイオなどさまざまな分野のテクノロジーがかかわってきます。

「Food as Medicine」の発想もより大事になるでしょう。先述した健康に大きな影響を与えるのはもちろん、気分や感情、行動にも食事はさまざまな

図10-4 フードテック

	生産	流通	加工	消費・外食	再利用
事例	・遺伝子編集食物 ・成長促進などによる生産性向上	・ロボットによる省人化 ・トレーサビリティ向上 ・新素材パッケージング	・ロボットによる省人化 ・ユーザーごとのカスタマイズ	・スマート家電 ・購買履歴からのレコメンデーション ・ミールキット ・フードロスの最小化	・微生物などを利用した資源再生
基盤技術	バイオ、AI、ビッグデータ、ロボティクス等				

出所：『MBA 2030年の基礎知識100』(グロービス著、PHP研究所)

影響を与えるからです。遠からぬ未来、個人の健康状態やメンタル的な状況を踏まえたうえで食材や食事がレコメンデーションされるという状況が来るかもしれません。

ベビーテック

　赤ちゃんの育児にテクノロジーを活用するものです。少子化に悩む日本において、乳幼児の育児負担が軽減されることのメリットは大きなものがあります。

　たとえば赤ちゃんの健康状態を把握したりどのくらいご飯を食べたのかといったことをITの力で捕捉したりします。起きている時間や寝ている時間の捕捉も可能になります。母乳で育児をされる人であればそのタイミングなども記録できます。寝かしつけを促すテクノロジーの研究などもされています。

　また、今後も、一定のリモートワークは想定されますので、それを活用し、子どもと触れ合う時間を持つことが男女ともに大切になります。

　特に重要なのは男性側の育児への参加です。女性側に丸投げするのではな

く、男性も育児をかなりの部分引き受けることが期待されます。そこでもテクノロジーは活用できます。どのように男性が育児に参加しているのか、どのような工夫をしているのかの情報を共有するSNSやオンラインセミナーなども登場するでしょう。それらを利用することで、男性もより良い子育てができるとともに、現在最も負担の大きい20代から40代くらいまでのワーキングマザーの負担を軽減できるのです。

Point

- ☑ 一般人がすぐに使えるXTECHは多い
- ☑ ライフスタイルにも合わせ、適宜XTECHを利用していくことが、個人のみならず、社会にも良い影響をもたらす

参考文献

全般

『ビジネススクールで教えている武器としてのITスキル』（グロービス経営大学院著、東洋経済新報社、2018年）

『MBA 2030年の基礎知識100』（グロービス著、嶋田毅執筆・編集、PHP研究所、2022年）

Chapter1

ブリティッシュコロンビア大学、CIFAR-10 (https://www.cs.toronto.edu/~kriz/cifar.html)

『フィンテックエンジニア養成読本』（阿部一也、藤井達人他著、技術評論社、2019年）

Chapter2

『グロービスMBAクリティカル・シンキング　コミュニケーション編』（グロービス経営大学院著、ダイヤモンド社、2011年）

『改訂3版 これからはじめるプログラミング基礎の基礎』（谷尻豊寿監修、谷尻かおり著、技術評論社、2018年）

Chapter3

「顧客が本当に必要だったもの」(https://dic.nicovideo.jp/a/%E9%A1%A7%E5%AE%A2%E3%81%8C%E6%9C%AC%E5%BD%93%E3%81%AB%E5%BF%85%E8%A6%81%E3%81%A0%E3%81%A3%E3%81%9F%E3%82%82%E3%81%AE)

「プロジェクトマネジャーのための『プロセス設計術』　プロジェクトの本質とはなにか」日経クロステック（https://xtech.nikkei.com/it/article/COLUMN/20131001/508039/）

『プロダクトマネジメントのすべて　事業戦略・IT開発・UXデザイン・マーケティングからチーム・組織運営まで』（及川卓也、小城久美子、曽根原春樹著、翔泳社、2021年）

Web担当者Forum「カスタマージャーニーマップを正しく活用するには『おもてなし』と『カスタマーエクスペリエンス』の理解から（顧客の行動パターンを理解するためのカスタマージャーニーマップ入門）」(https://webtan.impress.co.jp/e/2013/11/14/16305)

Chapter4

"Information Technology and the Good Life," Erik Stolterman, Anna Croon Fors, *Information Systems Research—Relevant Theory and Informed Practice*, June 2004

「デジタルガバナンス・コード2.0」（経済産業省、2020年）

『DXの思考法　日本経済復活への最強戦略』（西山圭太著、文藝春秋、2021年）

「シーメンスのデジタル化」HBSケースコレクション（David Collis, Tonia Junker, 2017）

「デジタル革命の本質：日本のリーダーへのメッセージ」マッキンゼー（https://www.mckinsey.com/jp/~/media/mckinsey/locations/asia/japan/our%20work/digital/accelerating_digital_transformation_under_covid19-an_urgent_message_to_leaders_in_japan-jp.pdf）

『AI ファースト・カンパニー』（マルコ・イアンシティ、カリム・R・ラカーニ著、英治出版、2023年）

『シンギュラリティ大学が教える飛躍する方法』（サリム・イスマイル、マイケル・マローン、ユーリ・ファン・ギースト著、日経BP社、2015年）

「DX白書2023」（情報処理推進機構（IPA））

『イノベーションの普及』（エベレット・ロジャーズ著、翔泳社、2007年）

Chapter5

『リーン・スタートアップ』（エリック・リース著、日経BP社、2012年）

『C. クリステンセン経営論』（クレイトン・M・クリステンセン著、ダイヤモンド社、2013年）

Chapter6

『エッセンシャル版 ミンツバーグ マネジャー論』（ヘンリー・ミンツバーグ著、日経BP社、2014年）

"Getting it done: Critical success factors for project managers in virtual work settings," Robert M. Verburg, Petra Bosch-Sijtsema, Matti Vartiainen, *International Journal of Project Management*, Volume 31, Issue 1, January 2013

"Communication and Trust in Global Virtual Teams," Sirkka L. Jarvenpaa, Dorothy E. Leidner, *Journal of Computer-Mediated Communication*, Volume 3, Issue 4, June 1998

"Working Across Boundaries: Current and Future Perspectives on Global Virtual Teams," Alfredo Jimenez, Dirk Michael Boehe, Vas Taras, Dan V. Caprar, *Journal of International Management*, Volume 23, Volume 4, May 2017

"Trust in teams: A taxonomy of perceived trustworthiness factors and risk-taking behaviors in face-to-face and virtual teams," Christina Breuer, Joachim Hüffmeier, Frederike Hibben, Guido Hertel, *Human Relations*, Volume 73, Issue 1, January 2020

坂爪洋美「管理職の役割の変化とその課題——文献レビューによる検討」『日本労働研究雑誌』No. 725、2020年12月

「デジタル／生成AI時代に求められる人材育成のあり方　第9回デジタル時代の人材政策に関する検討会」資料、Boston Consulting Group、2023年7月6日

Chapter7

『ビジネスモデル・キャンバス徹底攻略ガイド　企業、チーム、個人を成功に導く「ビジネスモデル設計書」』（今津美樹著、翔泳社、2020年）

「KNOWLEDGE　ビジネスモデルキャンバスとは　6社の具体的な例から見る作り方のススメ」（https:/sevendex.com/post/27349/）

『エコシステム・ディスラプション──業界なき時代の競争戦略』（ロン・アドナー著、東洋経済新報社、2022年）

『「課題先進国」日本──キャッチアップからフロントランナーへ』（小宮山宏著、中央公論新社、2007年）

『エフェクチュエーション──市場創造の実効理論』（サラス・サラスバシー著、碩学舎、2015年）

「スタートアップに関する基礎資料集」内閣官房　新しい資本主義実現本部事務局（https://www.cas.go.jp/jp/seisaku/atarashii_sihonsyugi/bunkakai/suikusei_dai1/siryou3.pdf）

「グレーゾーン解消制度・プロジェクト型『規制のサンドボックス』・新事業特例制度」経済産業省（https://www.meti.go.jp/policy/jigyou_saisei/kyousouryoku_kyouka/shinjigyo-kaitakuseidosuishin/index.html）

Global Entrepreneurship Monitor 2022/2023 Global Report (https://gemconsortium.org/file/open?fileId=51147 p.154)

Chapter8

『コトラーのマーケティング5.0 デジタル・テクノロジー時代の革新戦略』（フィリップ・コトラー、ヘルマワン・カルタジャヤ、イワン・セティアワン著、朝日新聞出版、2022年）

「米国の最新スタジアム、3千枚の電子看板が『一体感』」NIKKEIリスキリング（https://reskill.nikkei.com/article/DGXMZO21182680V10C17A9000001/）

「消費者インサイト　～本人が気づいていない本音を探る～」（https://ecnomikata.com/column/26973/）

Chapter9

『メタバース進化論──仮想現実の荒野に芽吹く「解放」と「創造」の新世界』（バーチャル美少女ねむ著、技術評論社、2022年）

「富士通が挑むセルフブランディング：写真1枚で心理的安全性10%向上」フジトラニュース（https://www.fujitsu.com/jp/microsite/fujitsutransformationnews/2023-08-03/01/）

Chapter10

"Effects of eicosapentaenoic acid on major coronary events in hypercholesterolaemic patients (JELIS): a randomised open-label, blinded endpoint analysis," *Lancet*, Volume 369, Issue 9567:1090-8, March 2007

『プラットフォームの教科書──超速成長ネットワーク効果の基本と応用』（根来龍之著、日経BP社、2017年）

著者・執筆者・編集者紹介

著者

グロービス経営大学院

社会に創造と変革をもたらすビジネスリーダーを育成するとともに、グロービスの各活動を通じて蓄積した知見に基づいた、実践的な経営ノウハウの研究・開発・発信を行っている。
- 日本語（東京、大阪、名古屋、仙台、福岡、オンライン）
- 英語（東京、オンライン）

グロービスには以下の事業がある。
- グロービス・エグゼクティブ・スクール
- グロービス・マネジメント・スクール
- 企業内研修／法人向け人材育成サービス
  （日本、中国、シンガポール、タイ、米国、欧州）
- 出版／電子出版
- 「GLOBIS 学び放題×知見録」／「GLOBIS Insights」／「GLOBIS Unlimited」
- グロービス・キャピタル・パートナーズ（ベンチャーキャピタル）

その他の活動
- 一般社団法人 G1（カンファレンス運営）
- 一般財団法人 KIBOW（インパクト投資、被災地支援）
- 株式会社茨城ロボッツ・スポーツエンターテインメント（プロバスケットボールチーム運営）
- 株式会社茨城放送（LuckyFM）

執筆・編集

嶋田 毅 （しまだ・つよし）

グロービス経営大学院教員、グロービス出版局長。東京大学理学部卒業、同大学大学院理学系研究科修士課程修了。戦略系コンサルティングファーム、外資系メーカーを経てグロービスに入社。累計160万部を超えるベストセラー「グロービスMBAシリーズ」のプロデューサーも務める。著書に『MBA 100の基本』『ビジネスで使える数学の基本が1冊でざっくりわかる本』『KPI大全』(以上、東洋経済新報社)、『グロービスMBAミドルマネジメント』(ダイヤモンド社) など。共著書に『ビジネススクールで教えている武器としてのITスキル』(東洋経済新報社)、翻訳書に『起業の失敗大全』（ダイヤモンド社）など。その他にも多数の共著書、共訳書がある。経営戦略、テクノベート・ストラテジー、研究プロジェクトなどの講師を務める他、各所で講演なども行っている。

241

執筆・編集協力

梶井 麻未 (かじい・まみ)

グロービス経営大学院教員、グロービス AI 経営教育研究所（GAiMERi）主席研究員。慶応義塾大学経済学部卒業、INSEAD TGM Programme 修了。テクノベート・シンキングなどを教えている。共著書に『ビジネススクールで教えている武器としての IT スキル』（東洋経済新報社）など。

執筆

鈴木 健一 (すずき・けんいち)

グロービス経営大学院教員、グロービス AI 経営教育研究所（GAiMERi）所長。東京大学工学部卒業、同大学大学院工学系研究科修了、シカゴ大学ブースビジネススクール修了（MBA）。テクノベート・シンキング、ビジネスデータサイエンスなどを教えている。著書に『定量分析の教科書』（東洋経済新報社）など。

佐々木 健太 (ささき・けんた)

グロービス AI 経営教育研究所（GAiMERi）主任研究員。東芝、リクルート、クックパッドを経て、グロービスに入社。グロービスでは自然言語処理技術を利用した研究開発業務に従事。共著書に『クックパッドデータから読み解く食卓の科学』（商業界）。その他、人工知能や機械学習関連の国際・国内学会での発表多数。

末永 昌也 (すえなが・まさや)

グロービス・デジタル・プラットフォーム CTO。東京工業大学工学部卒業、同大学大学院情報理工学研究科修了。グロービス経営大学院経営学修士課程（英語 MBA Program）修了。グロービスにおける複数のデジタルプロダクト開発を統括。

小川 智子 (おがわ・さとこ)

グロービス経営大学院教員。上智大学外国語学部卒業、デューク大学経営学修士（MBA）、ロンドン大学(LSE)組織・社会心理学修士課程修了。アクセンチュア、日本オラクルを経て、グロービスに入社。グロービスでは、テクノベート分野において研究、科目開発や講師を務める。

溜田 信 (ためだ・まこと)

グロービス経営大学院教員。東京大学工学部卒業。日本アイ・ビー・エム、日本マイクロソフト、A.T. カーニーを経て、グロービスに参画。マーケティング科目、テクノベート科目の開発や講師を務める。

八尾 麻理 (やお・まり)

グロービスのテクノベート FG ナレッジリーダー。大阪大学工学部卒業後、日本総合研究所を経て、独立系コンサルティングファームの創業に参画。社会課題解決型事業プロデュースの分野で執行役員を務める。グロービスでは経営戦略・テクノベート領域を専門にメディアへの執筆多数。順天堂大学大学院医学研究科修士課程在学中。

難波 美帆 (なんば・みほ)

グロービス経営大学院教員。東京大学農学部卒業、北海道大学大学院理学修士、東京工業大学大学院イノベーションマネジメント研究科博士課程単位取得退学。講談社、フリーランス記者・編集者を経て北海道大学科学技術コミュニケーター養成ユニット特任准教授、早稲田大学大学院政治学研究科准教授など、大学院生及び社会人向けの教育プログラムの開発・教育に従事。科学技術の専門家と市民とのコミュニケーションや広報、アクティブラーニング、イノベーションを専門とする。

髙原 康次 (たかはら・やすじ)

グロービス経営大学院教員、テクノベート経営研究所副所長。東京大学法学部卒業、グロービス・オリジナル MBA プログラム (GDBA) 修了。日本発デカコーン創出のリサーチを行う。また、グロービス経営大学院の創造エコシステム構築や創造系科目開発・リサーチをリードする。ユニコーンを 100 社輩出することをビジョンとしたグロービスのアクセラレーションプログラム「G-STARTUP」を事務局長として立ち上げる。グロービスの戦略的な投資プログラムを担い、約 50 社のベンチャーに投資を実施。民間公益活動向け助成金プログラムの審査員も務める。

君島 朋子 (きみじま・ともこ)

グロービス経営大学院経営研究科長。国際基督教大学教養学部卒業、東京大学大学院総合文化研究科修士課程修了、法政大学大学院経営学研究科キャリアデザイン学専攻修士課程修了。マッキンゼー・アンド・カンパニーを経てグロービスに参画。現在は経営大学院の企画運営統括の傍ら、人材マネジメントなどの教員を務める。

【著者紹介】
グロービス経営大学院
社会に創造と変革をもたらすビジネスリーダーを育成するとともに、グロービスの各活動を通じて蓄積した知見に基づいた、実践的な経営ノウハウの研究・開発・発信を行っている。
・日本語(東京、大阪、名古屋、仙台、福岡、オンライン)
・英語(東京、オンライン)

グロービスには以下の事業がある。
・グロービス・エグゼクティブ・スクール
・グロービス・マネジメント・スクール
・企業内研修／法人向け人材育成サービス
　(日本、中国、シンガポール、タイ、米国、欧州)
・出版／電子出版
・「GLOBIS 学び放題×知見録」／「GLOBIS Insights」／「GLOBIS Unlimited」
・グロービス・キャピタル・パートナーズ(ベンチャーキャピタル)

その他の活動
・一般社団法人G1(カンファレンス運営)
・一般財団法人KIBOW(インパクト投資、被災地支援)
・株式会社茨城ロボッツ・スポーツエンターテインメント
　(プロバスケットボールチーム運営)
・株式会社茨城放送(LuckyFM)

ビジネススクールで教えている武器としてのAI×TECHスキル
2024 年 3 月 12 日発行

著　者——グロービス経営大学院
発行者——田北浩章
発行所——東洋経済新報社
　　　　　〒103-8345　東京都中央区日本橋本石町 1-2-1
　　　　　電話＝東洋経済コールセンター　03(6386)1040
　　　　　https://toyokeizai.net/
装　丁…………小口翔平 + 後藤司(tobufune)
イラスト…………FUJIKO
ＤＴＰ…………高橋明香(おかっぱ製作所)
編集協力………パプリカ商店
印刷・製本……丸井工文社
編集担当………宮崎奈津子
©2024 Graduate School of Management, GLOBIS University　　　Printed in Japan
ISBN 978-4-492-04761-3